Über dieses Buch   Er war der letzte große Volksschauspieler des deutschen Kinos, ein Star, dessen Popularität drei politische Systeme – von der Weimarer Republik bis zur Ära Adenauer – unbeschadet überdauerte. Hans Albers, 1891 in Hamburg geboren, 1960 am Starnberger See gestorben, verkörperte in Filmen wie »Der Greifer«, »F. P. 1 antwortet nicht«, »Wasser für Canitoga« oder »Münchhausen« den Typ des verwegenen, schlagfertigen Abenteurers, der keine Gefahren scheut und im rechten Moment immer auch ein passendes Lied parat hat. Dabei war der blonde Hans kein tumber germanischer Recke, sondern eher ein deutscher Clark Gable, der mit Charme, Witz und Selbstironie einen Hauch von Leichtigkeit in das schwere Ufa-Kino der dreißiger und vierziger Jahre brachte. Gegen Goebbels und den Nazi-Film führte der eigensinnige Star einen zähen Kleinkrieg. Heinz Hilpert entdeckte ihn Ende der zwanziger Jahre als ernstzunehmenden Bühnendarsteller, Josef von Sternberg holte ihn für den »Blauen Engel«, Marlene Dietrich und Peter Lorre zählten zu seinen engsten Freunden.

Anhand von erst jetzt entdecktem Quellen-Material und zahlreichen Gesprächen mit Freunden, Mitarbeitern und Partnern von Hans Albers wird eine deutsche Lebensgeschichte rekonstruiert. Zum 100. Geburtstag von Albers am 22. September 1991 strahlt das ZDF auch Hans-Christoph Blumenbergs halbdokumentarischen Albers-Film »In meinem Herzen, Schatz...« mit Ulrich Tukur und Ilse Werner aus.

Der Autor   Hans-Christoph Blumenberg, geboren 1947, Studium der Geschichte und Germanistik. 1976 bis 1983 Film-Redakteur der »Zeit«, seit 1984 Film- und Fernseh-Regisseur (»Tausend Augen«, »Der Sommer des Samurai«, »Salü Palu«, »Blue Lady«). In der Reihe Fischer Cinema erschienen »Kino-Zeit. Aufsätze und Kritiken zum modernen Film 1976–1980« (1980) und »Gegenschuß. Texte über Filmemacher und Filme 1980–1983« (1984).

Hans-Christoph Blumenberg

In meinem Herzen, Schatz…

Die Lebensreise
des Schauspielers und Sängers
Hans Albers

Fischer Taschenbuch Verlag

Fischer Cinema
Lektorat: Ingeborg Mues

Für Patrick Brandt

Originalausgabe
Veröffentlicht im Fischer Taschenbuch Verlag GmbH,
Frankfurt am Main, September 1991

© 1991 Fischer Taschenbuch Verlag GmbH, Frankfurt am Main
Umschlaggestaltung: Buchholz/Hinsch/Hensinger
Foto: Deutsches Institut für Filmkunde, Frankfurt am Main
Gesamtherstellung: Clausen & Bosse, Leck
Printed in Germany
ISBN 3-596-10662-1

Inhalt

Ulrich Tukur in »In meinem Herzen, Schatz...«

1.

In meinem Herzen, Schatz...

Wege und Umwege
zu einem Albers-Film

»Sieghaft, hinreißend leuchtet dieser Mensch von innerer, mutwilliger Freude, scheint zu jeglicher Tollheit bereit, scheint zu allem fähig, was fröhlich, überschäumend und dabei leise selbstparodistisch ist. Er zwingt die Zuschauer im ersten Ansturm, ihn zu lieben, zwingt sie, ihn liebzubehalten; ist so einprägsam, daß man sich seiner wie einer köstlichen Erfrischung erinnert, verbindet persönliches Echtsein mit so viel Schauspielkunst, daß man erhoben und erschüttert wird.« (Felix Salten, 1930)

»Das Gesicht dieses Hans Albers ist den Berlinern seit langem bekannt, wenn auch erst seit kurzer Zeit lieb, denn viele Jahre lang hat man auf dem Theater diesen kraftvollen, burschikosen Volksschauspieler den süßlichen Liebhaber machen lassen. Sein Gesicht ist von einem Siegesallee-Konditor im späthellenistischen Stil entworfen, aber es wird aufregend durch ein paar Raubvogelaugen, die in solcher Weißglut brennen, daß man sich wundert, wie die Feuerpolizei das in Lichtspieltheatern zuläßt. Gewiß, dies Feuer stammt nicht von Prometheus, es ist mehr innersekretorischer Natur, aber es wärmt dennoch bescheidene wie anspruchsvolle Seelen. Das macht, in diesem blendend scharfsichtigen Blick liegt zugleich eine Art verrückter Angst vor dem eignen Temperament, eine Art Schwäche gegenüber der eigenen Stärke, und das versöhnt mit so viel Muskeln. Denn während wir vom Gesicht des Hans Albers reden, sind die Blicke der Damen auf seinen Oberkörper gerichtet. Er nimmt sie alle an die Brust, und siehe, es entsteht kein Platzmangel. Er ist Schwergewicht, mag er auch zu leicht befunden werden.« (Rudolf Arnheim, 1931)

☆

Irgendwann Mitte der achtziger Jahre begann ich mich für Hans Albers zu interessieren. Das geschah eher beiläufig. Wenn man in Hamburg vom Filmemachen lebt, stößt man früher oder später unweigerlich auf seine Spuren. Bei meinen ersten drei Kino-Filmen hatte ich mit Technikern und Darstellern gearbeitet, die dreißig Jahre früher bei Albers-Filmen dabeigewesen waren. Ihre Geschichten beflügelten meine Neugier.

Könnte es sich lohnen, der Legende Albers einen Dokumentarfilm zu widmen? Aber wie stellt man eine Karriere dar, die vier Jahrzehnte gedauert und drei politische Systeme überstanden hat? Wie beschreibt man einen deutschen Mythos?

Zugleich müßte ein Film über Hans Albers gewiß auch ein Stück Hamburger Stadtgeschichte sein. Denn hatte er nicht Hamburg so idealtypisch verkörpert wie Jean Gabin Paris oder Anna Magnani Rom? Er war in Hamburg geboren (am 22. September 1891, auch wenn er sich später hartnäckig ein Jahr jünger machte), er hatte die Stadt in vielen Liedern besungen, die nicht mit ihm gestorben waren. »Große Freiheit Nr. 7« – das war längst mehr als der Titel eines Albers-Films, das war die magische Chiffre für das populäre Bild einer Stadt.

Im Sommer 1986 besuchte ich meinen alten Freund Hans Peter Kochenrath beim ZDF in Mainz und erzählte ihm von meiner Idee, die so recht noch keine war. Er hielt es für vorstellbar, ein Albers-Porträt im Rahmen der Sendereihe »Filmforum« (Länge: 45 Minuten) herzustellen. Auch Hans Peter Kochenrath meinte, daß zu wenig über die Stars des alten deutschen Kinos und die Art ihres Charismas nachgedacht wird.

Auf der Rückfahrt von Mainz fiel mir ein Titel ein. »Stadtmusik.« Bei dem blieb es sehr lange. Das Albers-Projekt indessen schob ich zwei Jahre vor mir her. Ich drehte 1987 und 1988 meine beiden ersten »Tatort«-Filme mit Kommissar Palu in Saarbrücken. Aber selbst in saarländischen Kneipen dröhnen bisweilen, spät am Abend, alte Albers-Titel aus der Musikbox.

☆

So holte mich der blonde Hans wieder ein. Ich sah mir die meisten seiner Filme an, manche öfter, als ihnen wie mir guttat. Der Mann blieb mir lange fremd: ein überlebensgroßes Denkmal deutscher Film- und Zeitgeschichte. Ich las die drei Albers-Biographien von Joachim Cadenbach, Uwe-Jens Schumann und Otto Tötter: informations- und anekdotenreich, doch kaum geeignet, mir den toten Star näherzubringen. Je mehr ich über Albers erfuhr, desto rätselhafter erschien er mir.

Von allen Begriffen, mit denen seine verzauberten Zeitgenossen das

Phänomen Albers beschrieben, blieb mir vor allem einer im Kopf: Volksschauspieler. Seine Anziehungskraft schien sich auf Frauen wie Männer, Linke wie Rechte, Junge wie Alte erstreckt zu haben.

In einem Film über einen Volksschauspieler, dachte ich, müßte das »Volk« eine zentrale Rolle spielen. So entstand früh die Idee, auf die meist berechenbaren »Statements« von prominenten Kolleginnen und Kollegen zu verzichten. Im Sommer 1988 machten sich Patrick Brandt und ich auf die Suche nach Menschen, die Albers in verschiedenen Phasen seiner Karriere begegnet waren.

Wir lernten die Hamburger Kauffrau Wilma Schultz kennen, eine enge Freundin der Familie Albers. Sie hatte schon in den vierziger Jahren begonnen, ein umfangreiches Albers-Archiv anzulegen. Sie machte uns wichtige Dokumente und nie veröffentlichte Photos zugänglich. Zusammen mit Wilma Schultz hatte Albers seine Autobiographie verfassen wollen.

Wir trafen den im Ruhestand lebenden Barkassenführer Bernhard Waller, der an den späten Albers-Filmen »Das Herz von St. Pauli« und »Der Mann im Strom« beteiligt war. Sein Vater hatte Albers schon 1943 bei »Große Freiheit Nr. 7« durch den Hamburger Hafen gefahren.

Wir fanden Waldemar Nielsen, seit 1925 im Hamburger Kino-Gewerbe tätig, der Albers Anfang der dreißiger Jahre bei einer Gala-Premiere auf der Bühne vertreten hatte. Zwanzig Mark bekam Herr Nielsen von dem Star damals für seinen Dienst als »Double«.

Die Presse-Betreuerin Gabriele Bruck erzählte uns von ihren Erfahrungen mit Albers bei den Dreharbeiten zu dem Nachkriegsfilm »Föhn«. Der Autor, Regisseur und Schauspieler Armin Wick begleitete uns zur Ruine der alten »Flora«, wo er 1947 mit seinem großen Freund in »Liliom« auf der Bühne gestanden hatte.

Heinz Robrahn chauffierte Albers Mitte der fünfziger Jahre durch Hamburg und nahm auch an gelegentlichen nächtlichen Ausflügen in die Hinterhöfe und Kneipen von St. Georg teil. Sein Kollege Paul Schraml, der am Starnberger See wohnt, fuhr den Star über zehn Jahre lang quer durch Deutschland. Von ihm ließ sich Albers drei Wochen vor seinem Tod – »da war er schon ganz gelb« – ein letztes Mal um den geliebten See chauffieren.

Sie alle waren auf unterschiedliche Weise von Albers berührt, geprägt, vielleicht sogar verändert worden. Sie alle waren auch bereit, ihre Erinnerungen an Albers zum ersten Mal vor einer Kamera preiszugeben. Manche ihrer Geschichten waren komisch, andere eher melancholisch, aber keine klang routiniert. So würden wir vielleicht in der Lage sein, eine sehr private Lebensgeschichte zu erzählen: keine repräsentative Biographie aus lauter berechenbaren Versatzstücken, sondern eine Fülle von Kleinigkeiten.

Langsam begannen wir Albers ein bißchen besser zu verstehen. Ein Film über ihn würde nicht zuletzt von Heimweh und Einsamkeit handeln müssen. Wilma Schultz hatte uns erzählt, daß er im Bootshaus seiner Villa in Garatshausen am Starnberger See ein Tonband mit der Geräuschkulisse des Hamburger Hafens hatte installieren lassen. Er schien – allen öffentlichen »Hoppla, jetzt komm ich«-Attitüden zum Trotz – kein sehr glücklicher Mensch gewesen zu sein.

☆

Bernhard Weber kam ins Spiel. Rasch erwies er sich als eine der zentralen Figuren. Bernhard Weber betrieb in den achtziger Jahren ein Antiquariat am Schulterblatt im Hamburger Schanzenviertel, schräg gegenüber der alten »Flora«, wo Albers schon als Kind viele Varieté-Programme gesehen hatte, wo er später selber aufgetreten war. Zur Zeit unserer Recherchen wurde um die »Flora« gekämpft: zwischen den Anwohnern des Schanzenviertels, die um die gewachsenen Strukturen ihrer Gegend fürchteten, und dem Musical-Produzenten Friedrich Kurtz (»Cats«), der auf dem brachliegenden Grundstück ein riesiges Theater bauen wollte.

Unbeirrt von den Turbulenzen in seiner unmittelbaren Nachbarschaft ging Bernhard Weber einer Leidenschaft nach, die ihn schon als Halbwüchsigen ergriffen hatte. Er sammelt alles, was mit Hans Albers zu tun hat, von Plakaten und Filmprogrammen bis hin zu Kostümen aus Albers-Filmen. Er besitzt den schweren schwarzen Ledermantel, den der Star in der Hafenkrankenhaus-Sequenz von »Große Freiheit Nr. 7« getragen hatte.

Aber Bernhard Weber ist nicht nur Sammler, sondern auch Sänger. Er tritt mit einem Albers-Programm auf und versteht es, dessen Manierismen vorzuführen, ohne je in plane Parodie abzugleiten. Wir erlebten einen seiner Auftritte in einer Bücherhalle in St. Pauli mit und wußten sofort, daß Bernhard Weber einer der Stars von »Stadtmusik« sein müßte.

Das musikalische Element des Films rückte immer mehr ins Zentrum aller Überlegungen. Als Schauspieler hatte Albers in sehr vielen Filmen mitgewirkt, die nicht zu Unrecht längst in Vergessenheit geraten sind. Seine Popularität hatte am Ende wohl mehr mit seinen Liedern zu tun. Warum also nicht einen Musikfilm drehen?

Ein Treffen mit dem Schauspieler Ulrich Tukur kam zustande. Tukur gehörte in den späten achtziger Jahren zum Ensemble des Deutschen Schauspielhauses und war besonders durch seine Arbeit mit Peter Zadek (»Ghetto«) bekannt geworden. Ich hatte gehört, daß Tukur ein Albers-Verehrer sei, was er sogleich bestätigte. Gemeinsam entwikkelten wir den Plan, daß er in dem Albers-Film als Sänger auftreten sollte. Wir fanden die Vorstellung reizvoll, daß ein junger Künstler die alten Titel – einige bekannte, aber auch etliche, die es nie zu Gassenhauern gebracht hatten – auf seine eigene Weise interpretieren würde. So könnte ein musikalischer Dialog zwischen dem toten Herrn Albers und dem lebendigen Herrn Tukur zustande kommen.

Tukur, zugleich auch ein begabter Akkordeonspieler, schlug eine Reihe von Titeln vor, darunter Walter Mehrings bitteren Seemanns-Choral »In Hamburg an der Elbe«, die melancholische Liebesballade »Zwischen Hamburg und Haiti« und die »Hamburger Keddelklopper«, eine plattdeutsche Hymne an die Werftarbeiter von Blohm & Voss. Alle diese Lieder hatten zum Repertoire von Hans Albers gehört.

Es wurde zunehmend deutlicher, daß man die komplexe Figur Albers mit den Mitteln der konventionellen Fernseh-Dokumentation nur unzureichend würde darstellen können. In Ottokar Runze fanden wir einen Produzenten, der sich rasch für die Idee eines abendfüllenden Musikfilms über Albers erwärmte. Runze, angesehener Regisseur von Filmen wie »Der Lord von Barmbek« und »Der Mörder«, war freundlich genug, mir einige uncharmante Zeilen über seine Arbeit aus meiner Kritiker-Zeit nicht weiter nachzutragen. Mit seiner Unterstützung kam schließlich ein Budget von knapp 600 000 Mark zusammen. Je eine Viertelmillion steuerten das ZDF und das Hamburger Filmbüro (wo sich besonders Reinhard Hinrichs für das Projekt einsetzte) bei. Mit 50 000 Mark beteiligte sich noch der Film Fond Hamburg.

Ottokar Runze war es dann auch, der eine Verbindung zu Ilse Werner herstellte. Mit Filmen wie Willi Forsts »Bel Ami« (1939) und Eduard von Borsodys »Wunschkonzert« (1940) hatte sie ihre Karriere als Schauspielerin und Sängerin begonnen. In zwei ihrer wichtigsten Kino-Arbeiten – »Münchhausen« und »Große Freiheit Nr. 7« – war

Hans Albers ihr Partner gewesen. Patrick Brandt – seit »Tausend Augen« einer meiner engsten Mitarbeiter und Freunde – und ich trafen Ilse Werner in ihrem Haus nahe Lübeck. Schon bei diesem ersten Gespräch entstand der Plan, daß sie uns nicht nur zu den Drehorten von »Große Freiheit Nr. 7« führen, sondern daß sie auch und besonders als Interpretin der »Stadtmusik« auftreten würde.

☆

Von Anfang an wollte ich den Albers-Film in Schwarzweiß drehen: der Farbe der Erinnerung, der Farbe der Geschichte. Bruchlos sollten sich die historischen Archiv-Aufnahmen und die neu gedrehten Teile ineinander fügen. Die Vergangenheit ist nie vergangen.

Nur noch wenige Kameramänner verstehen sich auf die Kunst der Schwarzweißphotographie, die ein sehr viel komplizierteres Licht erfordert als Farbe. Einer der letzten großen Zauberer auf diesem Gebiet ist Jörg Schmidt-Reitwein, der wunderbare Schwarzweißfilme mit Werner Herzog (»Auch Zwerge haben klein angefangen«, »Land des Schweigens und der Dunkelheit«) und mit Herbert Achternbusch (»Das letzte Loch«, »Das Gespenst«) gedreht hat. Wir trafen uns in München und bekamen Lust, gemeinsam zu arbeiten. Angesichts des schmalen Budgets würden die Dreharbeiten kurz und konzentriert sein müssen. Doch an schwierige Produktionsbedingungen ist Jörg Schmidt-Reitwein gewöhnt.

Fast allerdings hätte der Beginn der Dreharbeiten am 14. November 1988 verschoben werden müssen. Die Firma Eastman Kodak hatte Probleme, uns 35-Millimeter-Schwarzweißmaterial in ausreichender Menge zu liefern: So ungewöhnlich ist das klassische Kino-Format inzwischen. Manchmal wußten wir nicht, ob wir am nächsten Tag überhaupt würden arbeiten können.

Wir drehten an den unterschiedlichsten Orten der Stadt: Mit Ilse Werner fuhren wir zu Sagebiehls Fährhaus in Blankenese, wo eine der wichtigsten Sequenzen von »Große Freiheit Nr. 7« entstanden war. Mit dem Archivar Eggert Woost stiegen wir in die Kellerräume der Landesbildstelle an der Kieler Straße, wo Zehntausende von historischen Glas-Dias bewahrt werden. Wir drehten im renovierten Passage-Kino in der Innenstadt (einst Schauplatz glanzvoller Albers-Premieren), wir besuchten das Geburtshaus in der Langen Reihe ebenso wie das Grab auf dem Ohlsdorfer Friedhof.

Die meisten Musiknummern, eingerichtet von Gerd Bellmann, drehten wir im Schmidt-Theater auf der Reeperbahn, einem ehemaligen Kino, das nur wenige Meter neben der Davidswache liegt. Das bei Filmaufnahmen inzwischen übliche Playback-Verfahren kam für uns nicht in Frage. Ulrich Tukur und Ilse Werner sangen »live«, und wenn man bisweilen einen falschen Ton zu entdecken meint, erschien er uns allemal richtiger als eine gewisse sterile Perfektion.

Für drei Musikaufnahmen zogen wir mit unserem kleinen Team und der Vier-Mann-Kapelle (Gerd Bellmann, Klavier; Christian von Richthofen, Schlagzeug; Detlef Beier, Baß; Michael Pawelitz, Geige) in eine Kneipe an der Großen Freiheit um. Die heißt »Schlußlicht« und ist kein Ort bürgerlicher Geselligkeit. Im »Schlußlicht«, wo jene verkehren, für die es nie ein allerletztes Bier gibt, improvisierte Ulrich Tukur »Auf der Reeperbahn nachts um halb eins«. Im »Schlußlicht« klang das alte, fast zu Tode geschundene Lied unversehens wieder frisch.

Insgesamt kamen zwanzig Lieder vor: acht Originalaufnahmen von Albers, neun von Ulrich Tukur gesungene Titel (darunter ein Duett mit Ilse Werner und eins mit Anette Kremer) sowie ein musikalischer Auftritt von Bernhard Weber. Unser Stargast Ilse Werner pfiff »La Paloma« und sang »Beim ersten Mal, da tut's noch weh«, Hilde Hildebrands Lied aus »Große Freiheit Nr. 7«.

☆

Ganze siebzehn Tage dauerten die Dreharbeiten zu dem Film, der immer noch »Stadtmusik« heißen sollte. Für den Schnitt, der in den ersten Monaten des Jahres 1989 stattfand, gewannen wir Barbara Büscher-Grimm, die besonders durch ihre Arbeit mit Eberhard Fechner bekannt geworden ist. Sie entdeckte etliche überraschende Aspekte in unserem Material.

Der Münchner »Senator«-Verleih entschloß sich, unsere kleine »Stadtmusik« mit erheblichem Aufwand in die Kinos zu bringen. Am 6. September 1989 fand die Premiere im Hamburger »Streits«-Kino am Jungfernstieg statt. Da hieß der Film schon seit ein paar Monaten »In meinem Herzen, Schatz...«. Der Titel bezieht sich auf ein Albers-Lied aus dem Film »Savoy-Hotel 217«: »In meinem Herzen, Schatz, da ist für viele Platz...« Nach einer Schnitt-Vorführung unter Freunden war meine Kollegin Monika Treut auf diesen Titel gekommen.

Trotz aller Anstrengungen von Jürgen Büscher, dem Pressechef des

»Senator«-Verleihs, trotz aller Reklamereisen, die Ulrich Tukur und ich quer durch die Republik unternahmen, war dem Film »In meinem Herzen, Schatz...« kein wesentlicher Kassenerfolg beschieden. Überraschen kann das kaum. In die robuste Kino-Landschaft der späten achtziger Jahre paßt eine Arbeit nicht, über die Fritz Göttler in der »Süddeutschen Zeitung« schrieb: »›In meinem Herzen, Schatz...‹ ist keine historisch-kritische Biographie, wie man sie aus dem Fernsehen kennt, sondern ein zärtlich-elegischer film noir aus der deutschen Geschichte. Beschwörung statt Erklärung, aber an keiner Stelle kaschiert Blumenberg die Kluft, die Vergangenheit von Gegenwart, Bilder von Tönen, Mythos vom Leben trennt. Wenn er beides aneinander montiert, ergibt sich eine eigene neue Wirklichkeit.«

Norbert Grob merkte in der »Zeit« an: »Daß das Kino seine eigenen Mythen reflektiert, daß es seine Regisseure und seine Stars porträtiert, ist ja nicht neu. Bisher jedoch blieben das oft nur bunte Bilderbögen, bestenfalls gelang eine phantasiereiche Collage. Blumenberg wagt dagegen einen facettenreichen Essay. Wobei er auf viele der gängigen Stilmittel verzichtet: auf Filmausschnitte, auf erklärende Kommentare, auf den roten Faden der Chronologie. Er will kein Idol feiern, sondern ein paar Bausteine vorstellen, die den Mythos errichteten.«

Und Hellmuth Karasek schrieb im »Spiegel«: »Anders als andere, als die üblichen Dokumentaristen und Porträtkünstler, hat Blumenberg die abblätternde Erinnerung an ein nationales Idol und Tonfilmmonument nicht aus den Archiven geholt, sondern in die Gegenwart rekonstruiert: Hamburg, Lange Reihe, Hamburg, das Etablissement ›Schmidt‹ an der Reeperbahn, Hamburg, das im totalen Gammel zerbröckelnde Flora-Theater... Ein Film, zum Heulen schön, wo die ›Hoppla, jetzt komm ich‹-Lieder sich wund stoßen an jenem verkrachten und vertanen Leben, dessen Herz nicht nur in St. Pauli schlug. Blumenberg hat ein Auge und ein Ohr für die verborgenen Schönheiten einer deutschen Tristesse, und Hans Albers ist sein Tor zur Welt.«

☆

Noch während der Dreharbeiten sprach mich eines Abends ein Nachbar im Treppenhaus auf das Albers-Projekt an. Er fragte mich, ob ich Lust hätte, für den »Spiegel« eine Serie über das deutsche Idol zu schreiben. Der Nachbar war Rolf Rietzler, der als Redakteur im Serien-Ressort des »Spiegel« arbeitet. Aufgrund dieser eher zufälligen Begegnung kamen tatsächlich ein Vertrag und ein umfangreiches Manuskript zustande, das im Sommer 1989 in drei Folgen erscheinen sollte. Wegen der Ereignisse in China wurde die Serie dann kurzfristig verschoben und später in zwei Teilen, extrem gekürzt, im Kultur-Teil veröffentlicht.

Für die Buchpublikation habe ich die Urfassung erheblich überarbeitet und erweitert. Unter den vielen, die mit Rat und Tat bei den Albers-Recherchen behilflich waren, seien besonders genannt: Eberhard Spiess und Dr. Gerd Albrecht vom Deutschen Institut für Filmkunde (Frankfurt), Will Tremper (Berlin), Eggert Woost (Hamburg), Hans-Werner Asmus (Hamburg), Hartmut Engmann (Köln), Wilma Schultz (Hamburg) und alle Mitwirkenden an dem Film »In meinem Herzen, Schatz...«. Bei der Erstellung der Filmographie leistete Stefan Heine (Hamburg) wertvolle Mitarbeit.

Hamburg, im März 1991

2.
Albers – warum?

Ein Park, zum Sterben schön. Eichhörnchen sonnen sich unter Rhododendronbüschen, Wildkaninchen nagen an Begonien, Entenfamilien überqueren sorglos die breiten Wege. Vierhundert Hektar im Norden Hamburgs – der Ohlsdorfer Friedhof. Die Hagenbecks liegen hier und Philipp Otto Runge, Gustaf Gründgens und die Herren Blohm und Voss. Wenn er schon muß, der ewige Frieden, an diesem Ort ließe er sich wohl aushalten.

In der Nacht des 17. August 1986 wird der Ohlsdorfer Frieden gestört. Mehrere Unbekannte dringen in das riesige Areal ein. Ihr Ziel ist ein eher unscheinbares Grab im Planquadrat Y 23, Nummer 245–254. Sie schrauben eine grau-schwarze Marmorplatte ab und schleppen sie zu einem bereitstehenden Auto. Am nächsten Morgen ruft ein Unbekannter in Hamburgs berühmtestem Polizeirevier an – der Davidswache auf der Reeperbahn: »Hier spricht die Bekennergruppe Hans Albers. Wir haben seine Grabplatte auf den Albers-Platz gebracht. Wir protestieren gegen den würdelosen Zustand des Platzes.«

Die Polizei stellt den schweren Stein sicher. Er lehnt an der Stahltür zu einem ehemaligen Luftschutzbunker, direkt neben der öffentlichen Bedürfnisanstalt. »Bild« hat eine Schlagzeile, und Hamburg wundert sich: Wer hätte, sechsundzwanzig Jahre nach des Schlachtermeister-Sohnes prächtigem Begräbnis, ausgerechnet das Grab des populärsten deutschen Filmstars schänden wollen? Eine beschwingte Kneipenrunde aus dem am Hans-Albers-Platz gelegenen »La Paloma« des Düsseldorfer Künstlers Jörg Immendorff? Militante Albers-Fans aus dem unruhigen Schanzenviertel? Oder gar zugereiste Anhänger des Albers-Kults aus Berlins besseren Vororten?

☆

Die »Bekennergruppe« ist ein Geheimbund geblieben. Dabei hätte sie, seit jener lauen Sommernacht, bei diversen Gelegenheiten sich wieder zu Wort melden können. Denn der verstorbene Herr Albers will einfach nicht zur Ruhe kommen. Nur gut einen Monat nach dem

Ohlsdorfer Anschlag überstand er einen weiteren, an dem, nahe der Reeperbahn nachts um halb eins, sogar der damalige Erste Bürgermeister Klaus von Dohnanyi tätig mitwirkte: Am 22. September 1986 enthüllte er das 2,90 Meter hohe Bronzedenkmal, das der Bildhauer Immendorff dem »Blonden Hans« gewidmet hat. Jetzt schaut ein postatomarer Mutant, in dem der Künstler die »Inkarnation des Seemanns« vermutet (mit Blick in die Ferne und Akkordeon in der Linken), auf das besonders von der Werbebranche geschätzte Etablissement des Rheinländers.

Und noch ein Düsseldorfer hätte sich den gerechten Zorn der »Bekennergruppe« zuziehen können: ein semmelblondes Wesen, das unter dem Pseudonym Hannes Kröger im Sommer 1988 ein Plastik-Pop-Produkt mit dem Titel »Der blonde Hans von der Reeperbahn« auf den Musikmarkt trug. Im Video zum Disco-Hit, der sich binnen weniger Monate 160000mal verkaufte, wirkt, unfreiwillig, auch der echte Albers mit, in kurzen Ausschnitten aus dem Film »Große Freiheit Nr. 7«. Im Wachsfigurenkabinett auf der Reepenbahn ließ sich das sonnige Retortenbaby Hannes Kröger (das in Wirklichkeit Sascha – wie sonst? – heißt) mit der Albers–Figur photographieren.

»Hans Albers war eins meiner größten Vorbilder... Hans guckte nach oben und kriegte deshalb das berühmte Sahneauge, diesen unkopierbaren Geilblick...« Nein, das ist nicht von Sascha, sondern – unkopierbar – Originalton Udo Lindenberg. Der bekennt sich in einem 1989 erschienenen Buch (»El Panico«) als Verehrer des »Beitwantologen« Albers: »Irgendwie war der auch nicht so ganz von dieser Welt.«

Doch damit nicht genug. Noch Anfang 1989 läßt die ARD den unverwüstlichen Albers als Münchhausen auf der Kanonenkugel und als alten Seebären von der Großen Freiheit antreten: in Reklamespots der Fernsehlotterie »Die Goldene Eins«. Da schmettert er, assistiert von einem drittklassigen Stimmenimitator, Zeilen wie diese: »Das weiß der Schulz, das weiß der Lehmann/ Und auch der Schmitz vergißt es nie/ Für eine Reise braucht der Seemann/ Ein Los der Fernseh-Lotterie.«

✩

Warum Albers? Warum ist es still geworden um fast alle anderen Berühmtheiten des deutschen Kinos, um die schweren Männer von Emil Jannings bis Curd Jürgens, um die Backfisch-Idole von Hans Söhnker bis Dieter Borsche? Kein Kommando Heinrich George klaut Grabsteine, kein Bürgermeister läßt sich am Ehrenmal für Rudolf Prack photographieren, kein Sascha schändet Viktor de Kowa.

Sind es die Augen, so blau, so blau? Der strahlende Blick, der drei Generationen deutscher Frauen auf seltsame Weise verwirrte und zum Träumen brachte? Die Stimme, immer ein bißchen heiser, irgendwo verloren zwischen Hamburg und Haiti, die von den verschütteten Sehnsüchten unserer kleinen Angestellten-Welt sang? Das selbstsichere Grinsen des ewigen Großen Bruders, der sich nie vor dem Essen die Hände gewaschen hat und mit vierzehn in die Fremdenlegion enteilte? Oder das Augenzwinkern des Lügenbarons, des tollen Bombergs, des heißen Hunds, der seine überlebensgroßen Phantastereien selber nie ganz ernst nimmt?

Karl May könnte ihn erfunden haben, diesen deutschen Supermann, aber dann hätte auch der junge Brecht seine Hand mit im Spiel gehabt, denn Hanne Shatterhand war immer auch ein gefräßiger Baal. Auf den ließ sich nie ernsthaft bauen, und doch haben sie ihn alle geliebt, in der sterbenden Weimarer Republik, im kurzen Reich der tausend Jahre, im satten Land des guten Königs Konrad.

☆

Hans Albers war der letzte deutsche Filmstar. Am Ende, als er nicht mehr recht konnte, übernahm Curd Jürgens seine Rollen, »Des Teufels General« und den »Schinderhannes«. Doch der Kleiderschrank endete, mitsamt güldenem Eßbesteck und Frau Simone, als mittlere Illustrierten-Berühmtheit. Freddy Quinn sang das Lied der Ferne auch nur ein paar Sommer lang. Und als es dann endgültig bergab ging mit dem alten Kino-Glanz, mußten die Produzenten gar die starken, schneidigen Männer aus Hollywood importieren: Lex Barker als Old Shatterhand, George Nader als Jerry Cotton. Uns sind dann Bruno S. und Bruno Ganz und ziemlich viele ziemlich wunderbare Schauspieler geblieben.

Die Filme wurden immer besser, die Kinos wurden immer leerer. Die trivialen Träume mußten draußen bleiben. Oder war es tatsächlich so, daß die neuen Frauen wirklich und ausschließlich von neuen, zarten, rücksichtsvollen Männern träumten? Nichts gegen Klaus-Dieter, den Sanften aus der Selbsterfahrungsgruppe, aber heimlich lockte immer noch und immer wieder Indiana Jones mit dem Drei-Tage-Bart und dem Schlafzimmer-Grinsen.

Am 28. Juni 1981 – da war Hans Albers schon über zwanzig Jahre unter der Erde – kam die Wende. Die ARD sendete »Tatort« Nummer 126: »Duisburg-Ruhrort« von Hajo Gies. Auftritt Horst Schimanski, einer wie Albers. Ein Greifer, ein Sieger, ein Draufgänger, ein Mann auf Abwegen. Einer mit Herz und jenem feinen Hauch von Selbstironie, der das herbe Theater erträglich macht. Ein neuer George, ein neuer Star – ein Fernsehstar. Kino macht er jetzt auch. Die Leute lieben ihn. Aber er kann nicht singen.

☆

»Worin beruht die Wirkung von Hans Albers? Nur in seiner vitalen Natur? Ist er ein Ideal, ein neuer Typ? Das Publikum wird widerstandsunfähig, wenn es ihn sieht... Er könnte ebenso aus einem Groschenroman wie aus einem Roman von Döblin stammen. Aus dem Groschenroman ist das treue Auge, das er ins Parkett wirft, und das breite Lachen, mit dem er sich verbeugt. Aus einer Dichtung von Döblin könnten diese greifenden Gesten, diese ausladenden Gebärden, diese Phantastik seiner Bewegungen sein. Hans Albers: ebenso von Vicky Baum wie von Bert Brecht. Hans Albers: ebenso ein männlicher Henny Porten wie ein Mackie Messer. Ebenso der ewige Komödiant wie ein moderner Schauspieler. In seinen glücklichsten Momenten... wendet er sich an alle, an das breiteste Publikum, an die verwöhnten Literaten. Das ist das Geheimnis seines Erfolges.«
So schreibt der Berliner Kritiker Herbert Ihering 1931, nach der Berliner Premiere von Franz Molnars »Liliom«. Da ist Albers seit einem Jahr endlich ein Star. Aber da ist er auch schon fast vierzig.
Er ist beinahe sechzig, als er 1949 an den Münchner Kammerspielen tatsächlich den Mackie Messer in der »Dreigroschenoper« spielt. Zwei Jahre zuvor hat ihn der aus der Emigration heimgekehrte Brecht bei Albers' allerletzter »Liliom«-Tournee gesehen. Er notiert in seinem Arbeitsjournal:
»...ein großer eleganter kerl mit vulgärem charme, nicht ohne gewalttätigkeit. wir sprechen davon, mit ihm ein volksstück zu machen, ulenspiegel etwa... dem albers ist ein großes leichtmetalltheater angeboten, mit dem man in ganz deutschland herumziehen könnte. er ist durch den film weithin bekannt, wohl der einzige volksschauspieler. er ist freilich nicht jung.«

3.
So wahr ich der liebe Gott bin

In St. Georg kennen ihn alle als den »schönen Wilhelm«, den Schlachtermeister Philipp Albers aus der Langen Reihe 71. Er ist eine imposante Erscheinung mit einem Backenbart von kaiserlich-wilhelminischer Pracht. Fleisch- und Wurstwaren aus dem Hause Albers genießen in ganz Hamburg einen erstklassigen Ruf. Und in St. Georg, im aufstrebenden Kleinbürgerviertel zwischen Hauptbahnhof und Außenalster, ist der schöne Wilhelm ein kleiner König: Patriarch und Knackwurst-Entrepreneur von eigenen Gnaden. Vier Töchter und ein Sohn bevölkern das Albers-Haus schon, als Frau Johanna, eine eher zarte Dame aus den Vierlanden vor den Toren der Stadt, am 22. September 1891 einen Knaben namens Hans Philipp August auf die Welt bringt. Der schöne Wilhelm, ein wahrhaft theatralischer Kerl mit Stentorstimme und wehenden schwarzen Umhängen, findet selten Zeit, sich um seine Brut zu kümmern. Der Knabe Hans bewundert seinen Vater aus der Ferne.

Ist er nicht nahezu eine gottähnliche Erscheinung, wenn er in vollem Wichs, nach allen Seiten huldvoll grüßend, mit seiner Kutsche durch die Stadt fährt, um Stammkunden persönlich zu beliefern? Und wäre es nicht wunderbar, selber ein lieber Gott zu werden, in der Bewunderung der Gemeinde sich zu sonnen? Die Idolisierung des Vaters, nicht ungetrübt von Furcht und Schrecken, ist dem Star Albers geblieben. Als ihn in einem Interview zum sechzigsten Geburtstag eine Rundfunkreporterin auf den schönen Wilhelm anspricht, sagt er: »Gegen den bin ich direkt ein Krüppel.«

☆

In den fünfziger Jahren noch ist Hans Albers, der Filmstar, der Sänger, der Volksschauspieler, in Hamburg so berühmt, daß er seine Suite im Atlantic-Hotel nur im Schutze der Dunkelheit verlassen kann, ohne einen Volksauflauf zu verursachen. Er benutzt den Lieferanteneingang und zieht sich einen schwarzen breitkrempigen Hut tief ins Gesicht. Das Toupet, ohne das er sich sonst nie öffentlich zeigt,

»Der schöne Wilhelm«

bleibt zu Hause. In diesen einsamen Nächten zieht es ihn magisch an die Stätten seiner Kindheit: Lohmühlenstraße, Schmilinskystraße, Lange Reihe.

Da hält er stumme Zwiesprache mit dem schönen Wilhelm, der nie recht glauben mochte, daß aus dem spinnerten Hans mal was werden könnte. Aber hat er sich nicht hochgerackert zu einem wahren deut-

Mutter Albers

schen Helden? Hat er nicht Hitler und Goebbels getrotzt, als andere, die wie er im Lande geblieben waren, schamlos um die Gunst der Herren buhlten? Sind die Emigranten nicht seine Freunde geblieben, Marlene Dietrich und Fritz Kortner und Conrad Veidt? Und züchtet er jetzt nicht am Starnberger See schönere Rosen als der Alte in Rhöndorf? Und ist er nicht noch immer prächtig in Form, nach all den

Jahren in den Ateliers und auf der Bühne? Und sein edles Profil, ein »Mittelding aus Goethe und Gerhart Hauptmann«? Sieht er nicht aus wie ein Gott? Ist er nicht gar am Ende ein Gott geworden?

Irgendwann Ende der zwanziger Jahre muß er sich ihn angewöhnt haben, den übermütigen Spleen. »So wahr ich der liebe Gott bin«, sagt der Sohn des schönen Wilhelm oft und gerne. Das Ceterum censeo des späten Aufsteigers, der endlich dort angekommen ist, wo er hingehört, so wahr er der liebe Gott ist – ganz oben. Aber der Hans, der grinst dazu. Der meint das nicht so. Natürlich meint er das so. Aber einem Gott kann niemand böse sein. Deutschland liebt diesen Mann.

☆

»So unverblümt mit sich selber zufrieden war keiner. Hans Albers verehrte Hans Albers ohne Umschweif... Das entwaffnete. Aber es machte Hans Albers auch so bewundernswert und erfolgreich. Die Naivität, mit der er an sich glaubte, in der er sich selbst liebte, überrumpelte völlig, riß mit, ließ einen nur staunen.«

Sätze von Friedrich Luft, der, damals noch längst nicht Professor und Stimme Berlins, dem großen Albers 1947 in der darniederliegenden Trümmerstadt begegnete: »Ein weißes Auto mit Chauffeur wartete in der Ruinenstraße. Wir stiegen ein. Albers fuhr durchs ruinöse Berlin. Er zeigte sich seinem Volke. Und das hatte wunderbarerweise nichts von Protz, Angabe oder Frivolität. Oder es hatte schon wieder so viel davon, daß man es nicht verargte. Er ließ den Chauffeur durch die Straßen fahren und immer dort im zweiten Gang schleichen, wo die Klagegestalten der Trümmerfrauen die Ruinen abtrugen und die Steine putzten. Da zog er den Hut, grüßte, winkte mit der populären Geste eines niedergestiegenen Gottes.

Die Frauen liefen zuhauf. Sie erkannten ihr altes Idol, sie hatten Tränen in den Augen, schrien ›Hanne, Hanne!‹ und ›Otto, Otto!‹. Ein Volksheld, unangekratzt von der niedergegangenen Katastrophe, zeigte sich intakt und huldreich seinem Volke.«

4.
Die Härten der Provinz

»Denke ich zurück, so laß dir erzählen, daß ein kleiner Junge aus St. Georg sich unter einem Theater nichts als das Hansa-Theater vorzustellen vermochte«, schreibt Albers 1950 in einem sehr persönlich gehaltenen Brief zum fünfzigsten Geburtstag des Deutschen Schauspielhauses.

»Da wuchsest du 1900 in der üppigen Baupracht jener Jahre für ihn förmlich über Nacht auf, schon in deinem Werden bestaunt, und bald, mein liebes Geburtstagskind, wurdest du mir unter der Leitung des großen Bühnenmannes Baron Berger die Pforte zu dem unfaßlichen Wunderland – Theater.

Zuerst, konnte es auch anders sein?, war es natürlich das Weihnachtsmärchen, das durch dich in Hamburg aus einer Nebensache überhaupt erst zu einem Ereignis wurde, denn keiner deiner großen Darstellerinnen und Darsteller hielt sich für ›zu bedeutend‹, das Weihnachtsmärchen den Hamburger Kindern in ihr festlich aufgeregtes Herz hineinzuspielen... Mich hast du damals mit dem Spiel ›Als Klein-Elschen das Christkindchen suchen ging‹ unlöslich mit dir, mit dem Theater überhaupt für alle Zeit verbunden.«

Der »Wilhelm Tell« verzaubert den Knaben im Deutschen Schauspielhaus. Begeistert sitzt er im Hansa-Theater und jubelt mit, wenn der niederdeutsche Querdenker Otto Reutter mit endlosen »Otto, Otto«-Ovationen bedacht wird. Den Schlachtruf eignet er sich an. Was später dem Star gefällt, ist ein toller Otto.

Hans Albers ist dreizehn oder vierzehn, als er anfängt, die Tapete seines Zimmers mit seinem Namenszug vollzukritzeln. Immer wieder übt er, wie sie aussehen müßte, die Unterschrift eines Stars – dramatisch, mit großen Bögen. Da weiß der Sohn des schönen Wilhelm schon, daß er Schauspieler werden will, nein: muß.

Heimlich nimmt er, von seinen wohlmeinenden Schwestern finanzierten, Schauspielunterricht. Der Vater, keineswegs begeistert, verbannt ihn nach Frankfurt. Dort steht Hans Albers, tagsüber Commis in einer Seidenfirma, 1911 zum ersten Mal auf einer Bühne: als Bedienter im »Zerbrochenen Krug«.

Jetzt ist es endgültig um ihn geschehen. Im Sommer bekommt er ein Engagement im sächsischen Bad Schandau, wo man ihn in dem Stück »Die von Hochsattel« unterbringt: »Mein Direktor – es war der Schauspieler Hugo Werner-Kahle – spielte den Grafen, und ich war sein Sohn. Am nächsten Tag konnte ich im Bade-Anzeiger meine erste Kritik finden: ›Hervorragend wie immer, jeder Schritt, jede Bewegung ein Graf, unser allverehrter Direktor; es war eine Freude, sein Spiel zu beobachten. Ganz aus der Art geschlagen hingegen sein Sohn, gespielt von Herrn Hans Albers. Derartige Darstellungen, die alles zu wünschen übriglassen, sind wir Gott sei Dank an unserem Theater nicht gewohnt.‹ Mich verdroß diese hämische Bemerkung nicht weiter, ich wußte, daß aller Anfang schwer war, daß es anderen Kollegen auch nicht besser gegangen war.«

In der mecklenburgischen Provinz wie im Kurtheater Helgoland lernt der eigensinnige Niemand die Härten der Provinz kennen. Er spielt alles, von der Posse bis zu Wedekind. Das Künstlerleben hat er sich anders vorgestellt.

»In Demmin kam auf sehr drastische Weise das Ende. Wir gaben im Gasthaus zur Post ›Faust‹, in dem ich den Valentin verkörperte. Es war bestimmt kein stilvoller Ort, um ein solches Werk aufzuführen, denn hinten in der Ecke befand sich die Theke, und die Kellner erledigten dort während der Aufführung die Bestellungen der Gäste, die in den übrigen Restaurationsräumen saßen. Als ich nun in meiner Sterbeszene bei den Worten war: ›Mein Gretchen, sieh! Du bist noch jung...‹ und plötzlich in der Stille vernahm, wie hinten der Oberkellner die Blechmarken auf das Büffet warf und in seinem mecklenburgischen Dialekt dazu sagte: ›Drei Dornkaat, drei Rundstücke warm, drei Helle‹, da war es mit meiner Fassung vorbei, da packte mich eine unbändige Wut, ich trat an die Rampe und rief dem Kellner zu: ›Mir auch!‹ Natürlich war die Szene geschmissen, und die Folge war, daß ich nach der Vorstellung die fristlose Entlassung erhielt.«

1913 kommt er nach Hamburg zurück. Im Schiller-Theater am neuen Pferdemarkt zu Altona gibt es zur Saison-Eröffnung »Wallensteins Lager«. Albers spielt einen Rekruten. In der Zeitung steht: »Hans Albers war anscheinend vom Lampenfieber befallen; seine Kriegsbegeisterung war die Mut vortäuschende Angst eines schwindsüchtigen Hospitalinsassen.«

Der junge Mann ist hart im Nehmen. Er glaubt an sich. Die zeitgenössischen Rezensenten halten ihn eher für ein Unglück. »Aus der gro-

Helgoland, Sommer 1912

ßen Zahl der Mitwirkenden mögen noch hervorgehoben werden: Willi Karthaus, Lupu Pick, Hans Albers (dem etwas weniger Theatralik und schwärmerische Weichheit not täten)...«, heißt es in einer Kritik über die Dramatisierung des Fritz-Reuter-Romans »Ut de Franzosentid«.

5.
Das blonde Mißverständnis

Am 28. Juni 1914 fallen die Schüsse von Sarajewo. Am 1. August er-
klärt das Deutsche Reich Rußland, zwei Tage später auch Frankreich
den Krieg. Deutsche Truppen marschieren in Belgien ein. Paul von
Hindenburg wird Oberbefehlshaber in Ostpreußen.
Das Reich rüstet auf, das Theater rüstet mit. Da ist ein Typ wie der
junge Albers unversehens gefragt. So müssen deutsche Krieger aussehen: blond und kräftig und mit blauen Augen. Während Germanias
Söhne schon gen Westen ziehen, mit klingendem Spiel und schneidi-
gem Schritt, entdeckt Hamburg im September 1914 einen Helden-
Darsteller. Man hat ihn ans Thalia-Theater geholt. In Fritz von Un-
ruhs patriotischem Schauspiel »Offiziere« spielt er mit glühendem
Pathos den Leutnant Harry von Henner. Zum ersten Mal jubeln ihm
die Leute zu. Auf dem Programmzettel findet sich der Satz: »Die
Kriegs-Depeschen des Hamburger Fremdenblatts werden während
der Vorstellung verlesen.«
Zehn Tage später ist schon die nächste Premiere: »Gewonnene Herzen« heißt das »Kriegszeitbild mit Musik aus dem Jahre 1870«. Und
wieder spielt Albers einen todesmutigen Leutnant von edlem Geblüt,
der – Schauplatz ist ein Biwak im Elsaß – den frechen Franzmann in
die Flucht schlägt.
Ja, so will man ihn sehen, den teutonischen Recken, den athletischen
Blonden, den nordischen Sieger. Im September 1914 wird ein Mißver-
ständnis geboren.

☆

»Jeder Zoll ein Naziführer«, notiert Ernst Bloch 1934 im Exil, als er
Hans Albers, den unangefochten größten Star des Reiches, in dem
Film »Flüchtlinge« gesehen hat. Auch Klaus Mann erregt sich 1933 in
seinem Tagebuch heftig über den Schauspieler: »Mit Umwegen zum
Orient-Kino: Albers, ›Ein gewisser Herr Gran‹. Jetzt ertrag ich den
Burschen nicht mehr: der Boche par excellence – der Nazi par excel-
lence.«

Im Lazarett, 1916

Sehr genau hat er nicht hingeschaut. Der Typ, den Albers so hinreißend verkörperte, ließ sich von keinem System vereinnahmen. Ein Sieger, gewiß, aber kein Marschierer. Die Leichtigkeit, mit der der Luftikus durch die enge deutsche Welt wirbelte, den Kopf keß in den Wolken und nicht über den »Völkischen Beobachter« gebeugt, hatte etwas Anarchisches. Wer keine Autorität erträgt als unbekümmert immer nur die eigene, muß eine wandelnde Provokation bleiben.
Ein blonder Siegfried mag er sein, der blonde Hans, aber einer, der Tango tanzt. Und lockt irgendwo ein roter Mädchenmund, kann ihm die Nibelungenehre gestohlen bleiben.

☆

Hans zieht in den Krieg. 1915 landet er in der Etappe, in Saarbrücken. Der einzige erhaltene Feldpostbrief aus dieser Zeit zeugt nicht gerade von patriotischem Taumel. Er will kein Held sein, er will Theater spielen. Von der Westfront kommen die Verwundeten zurück, die Verstümmelten, die Entstellten. Albers hat Glück. Mit einer Maschinengewehr-Einheit rückt er in den zähen flandrischen Stellungskrieg aus. Er wird rasch verwundet. Beinschuß. Stundenlang bleibt er im Niemandsland liegen. Als man ihn endlich holt, scheint es um das verletzte Bein geschehen. Albers will eine Amputation nicht zulassen. Lieber tot als verkrüppelt. Ein Schauspieler braucht seine Beine. Das Bein bleibt dran. Der Mensch überlebt. 1917 kommt er zur Rekonvaleszenz nach Wiesbaden. Und steht schon wieder auf der Bühne.

»In dieser Wiesbadener Soldatenzeit hatte ich Gelegenheit, am dortigen Residenz-Theater zu spielen, und im Sommer übernahm ich zusammen mit einem Kollegen die Direktion der Bühne. Finanziert hatte uns Eugen Klöpfer, der gerade am Neuen Theater in Frankfurt am Main engagiert war und auch bei uns spielte. Während er den seriösen Teil bestritt, trat ich in Possen, Lustspielen und Operetten auf. Nach Kriegsende war es dann so weit, daß ich den Sprung nach Berlin wagen konnte.«

6.
Ein Mann will nach oben

Sie haben nicht auf ihn gewartet in Berlin. Sie brauchen ihn nicht. Aber er braucht Berlin. Winter 1917. Der große Krieg neigt sich dem Ende zu. Das Reich hat ihn verloren. Bald wird der Kaiser die Koffer packen. Hans Albers hat andere Probleme. Die Haare gehen ihm aus. Eine Katastrophe. Stundenlang steht er sorgenvoll vor dem Spiegel. Sein Aussehen ist sein einziges Kapital. Der Schmelz bleibt. Bald wird ein erstes Toupet angeschafft.

Der junge Mann mit der schier mörderischen Energie putzt Klinken, bewirbt sich hier, spricht dort vor. Er haust in zugigen Bruchbuden. Er entdeckt ein neues Talent an sich. Pokern. Wer aus der Provinz kommt – und für welchen echten Berliner wäre Hamburg kein nebliges Nest irgendwo am Nordpol –, muß sich durchzocken.

»Vorsprechen war schon immer für mich etwas Unangenehmes, ich hatte jedesmal Hemmungen; wie ich nun sah, mit welchem Ernst diese Kollegen da auftraten, sank mir vollends der Mut. Da kam mir der Zufall zu Hilfe. Gerade hatte ein Schauspieler aus der Provinz den Franz Moor gesprochen und wollte sich vom Regisseur sein Soufflierbuch holen, da fiel diesem das Monokel aus dem Auge, es rollte mir direkt vor die Füße, und so wurde der Regisseur auf mich aufmerksam. ›Wollen Sie jetzt an die Reihe?‹ fragte er; da wurde ich erneut verlegen, stammelte ein paar Worte und fragte, ob ich zur Abwechslung einmal den Kosinsky aus den ›Räubern‹ modern sprechen könnte, als Gardeleutnant vielleicht. Das hatte ich lediglich gesagt, um über meine Hemmungen hinwegzukommen, ich wollte keinesfalls Schiller verspotten; der Regisseur schien aber irgendwie Interesse an dem Experiment zu haben und war einverstanden.

Ich trat an die Rampe, machte eine kurze Verbeugung, streifte mit einem raschen Blick die großen Kollegen, die da unten im Parkett saßen, und begann dann mit näselnder Stimme: ›Habe immer gewünscht, Mann zu sehen mit vernichtendem Blick, wie er saß auf Dingsda, Ruinen von Dingsda, Dingsda...‹ Kaum waren diese ersten Worte heraus, da ging eine Welle der Heiterkeit durch die Reihe der

Der junge Bonvivant, Berlin 1923

Anwesenden, und je weiter ich fortfuhr, desto stärker wurde das Lachen. Zum Schluß erntete ich dröhnenden Beifall.«
Der Junge macht eine gute Figur. Das fällt auf. Zumindest fällt es
einer Dame auf, die eine Diva ist. Sie heißt Claire Dux und verfügt

nicht nur über einen Ehemann, der Generaldirektor bei den I. G. Farben ist (und tatsächlich Imperatori heißt), sondern auch über einen Sopran, der das härteste Spekulantenherz zum Schmelzen bringt.

Claire Dux ist die Primadonna der Staatsoper. Tout Berlin schwärmt von ihrer Gräfin in »Figaros Hochzeit«, von ihrer Mimi in »La Bohème«. Claire Dux schwärmt von Hans Albers. Das bleibt in der klatschsüchtigen Metropole nicht lange ein Geheimnis. Dr. Imperatori läßt sich scheiden. Hans Albers läßt sich bestaunen. Das reicht nicht. Zwar öffnen sich dem fröhlichen Liebhaber der Dux – bald tauft man ihn den Dux-Baron – die Türen jener Theater-Prinzipale, für die er vor ein paar Monaten noch eine niederdeutsche Lachnummer gewesen war. Aber was können sie schon mit ihm anfangen? Rudolf Bernauer, Direktor der mächtigen Meinhard-Bernauer-Bühnen, schreibt später: »Wir konnten ihn bis dahin trotz seiner bestrickenden Männlichkeit nur in komischen Rollen beschäftigen. Wir kneteten ihn jedoch mit unendlicher Geduld so lange zum Liebhaber und Helden um, bis er in einem Reißer neben der Orska als sogenannter ›homme à femmes‹ eine gute Figur abgab.«

Maria Orska ist eine mondäne Person, zierlich, mit rabenschwarzen Haaren und ebensolchen Augen. Als gnadenlose Boulevard-Prinzessin hat sie im Meinhard-Bernauer-Konzern rasch Karriere gemacht. Und nun werfen ihr die Herren den Liebhaber der Dux zum Fraße vor. Albers hat nicht den Hauch einer Chance gegen Maria Orska. Es gibt »Die Zarin«, ein Lustspiel um das notorische Liebesleben der großen Katharina. Die Orska spielt die Zarin, Albers ist das Liebesleben. Beim Boxen hätte man ihn spätestens in der zweiten Runde wegen hoffnungsloser Unterlegenheit aus dem Ring nehmen müssen. Mit der Orska geht er über die volle Distanz. Berlin ist nicht beeindruckt. Berlin lacht ihn aus.

Albers lacht zurück. Er zieht zu Claire Dux in die vornehme Wohnung am Kaiserdamm. Bald fliegen die Fetzen. Auch ohne die Bernauersche Ausbildung zum ›homme à femmes‹ weiß der junge Mann, wie sein strahlendes Lächeln wirkt.

Claire Dux findet das nicht komisch. Sie fährt nach Amerika und wartet auf ein Lebenszeichen von Albers. Das kommt nicht. Albers ist kein Briefeschreiber. In Chikago verliebt sich Claire Dux – ein Schicksal, wie von Vicky Baum erfunden – in einen Fleischkonserven-Millionär. Albers weicht. Er ist beschäftigt.

7.
Für ein paar Groschen Kino

Der Mann braucht Geld. Der Mann will weiterkommen. Der Mann macht Filme. Gut, Fritz Lang kennt ihn nicht, Ernst Lubitsch besetzt ihn nicht, Friedrich Wilhelm Murnau hält ihn für einen Hanswurst. Kein »Müder Tod« für ihn, keine »Anna Boleyn«, kein »Nosferatu«. Kein Problem. Geld kann man auch anderswo verdienen.

Albers ist nicht wählerisch. Das Kino nimmt er sowieso nicht ernst, als er 1917 in Berlin eintrifft. Um so beeindruckender findet er die acht Mark Tagesgage, die ihm ein Aufnahmeleiter im Café anbietet. Adrettes Äußeres ist mehr gefragt als schauspielerische Subtilität. Außerdem bringt er eine komplette Abendgarderobe nebst Pelzmantel mit.

Schon in den letzten Tagen des Kaiserreichs besitzt Berlin eine wild wuchernde Filmindustrie. Der Amüsierbetrieb der Metropole braucht wohlfeile Ware. Dutzende von windigen Produktionsgesellschaften, aus dem Boden gestampft von Schiebern und Spekulanten, versorgen das zahlende Publikum mit filmischer Groschenroman-Ware. Maskierte Gentleman-Verbrecher und orientalische Haremsdamen, dämonische Magier und bucklige Unholde bevölkern die stumme Leinwand.

Berlin braucht Abwechslung. Auf den Straßen wird geschossen. Wer es sich leisten kann als ernstzunehmender Schauspieler, macht einen weiten Bogen um diese ruppige Wildwest-Branche. Hans Albers kann es sich nicht leisten, will es sich nicht leisten. Er ist arm. Und er ist neugierig.

Der erste Film heißt – 1917 – wahrscheinlich »Das Spitzentuch der Fürstin Wolkowska«. Drehzeit: weniger als eine Woche. Das ist normal.

☆

Albers steigt ein beim Kintopp, aber er steigt nicht auf. Schon 1918 setzt man ihn in Werken mit so vielversprechenden Titeln wie »Baroneßchen auf Strafurlaub«, »Der Fluch des Nuri«, »Der Mut zur

»Fräulein Raffke«: Hans Albers mit Monokel

Sünde«, »Irrwege der Liebe« ein: immer nach der alten Berliner Produzentenweisheit, daß der Kunde für fünf Groschen verlangen kann, daß an seine niedersten Instinkte appelliert wird.

Größere Rollen darf Albers selten spielen. Die Kameramänner fürchten sich vor seinen hellen blauen Augen, die auf dem primitiven Filmmaterial der frühen Jahre wie weiße Löcher wirken. Noch liebt ihn die Kamera nicht. Auch das wird sein Glück sein.

Albers spezialisiert sich auf das Fach des Salon-Schurken, des zwielichtigen Lebemannes, des Hochstaplers, Falschspielers, Verführers. In jeder zweiten Rolle trägt er zu seinem hochmütigen Brunnenvergifter-Blick Gamaschen und Monokel. Als erbschleicherischer Baron stellt er 1923 dem ahnungslosen »Fräulein Raffke« nach. Er ist ein Scheckfälscher in »Gehetzte Menschen« (1924), ein feiger Boxer in »Halbseide« (1925), ein betrügerischer Fabrikbesitzer in »Die Gesunkenen« (1925). Als charakterloser Spekulant verdirbt er ein Jahr später »Deutsche Herzen am deutschen Rhein«. In »Frauenarzt Dr. Schäfer« (1928) hat er auch nur eine Nebenrolle – der gewissenlose Gynäkologe Dr. Albers macht sich über wehrlose Patientinnen her.

Mitunter kommt er auch in ambitionierteren Projekten vor. Schon 1920 spielt er einen Leutnant in der ersten Verfilmung der Kleist-Novelle »Die Marquise von O.«. 1922 taucht er als »böser Geist« in »Lumpacivagabundus« nach Nestroy auf. In einem stummen »Sommernachtstraum« ist er als Demetrius zu sehen. Doch solche Rollen bleiben Ausnahmen.

Das Publikum im Alhambra-Palast am Kurfürstendamm, wo die Billig-Ware oft uraufgeführt wird, buht seine stereotypen Auftritte mit schöner Regelmäßigkeit aus. Auch die meisten Kritiker, soweit sie den blonden Beau mit der schwarzen Seele überhaupt wahrnehmen, sind nicht eben herzlich: »Hans Albers gibt eine Schiebertype und scheut keine Lächerlichkeit, um seine Rolle saftig zu gestalten.« Oder: »Hans Albers als Troubadour des 20. Jahrhunderts, etwas farblos, aber von gewinnender seelischer Blondheit.«

Im fernen Hamburg versinkt die alte Mutter Albers, ihrem Jüngsten in zärtlicher Liebe zugetan und schon längst an Kummer gewöhnt, vor Scham schier in den Boden, als sie Hans in solch fragwürdigen Sachen wie »Rauschgold« zu Gesicht bekommt.

8.
Auftritt Fräulein Burg

Bis 1929 spielt Hans Albers in über hundert Stummfilmen mit. Er verdient gut, kann sich ab Mitte der zwanziger Jahre ein Zimmer im Hotel Adlon leisten, zeigt sich bei Sechstagerennen und Boxveranstaltungen, steht auch schon mal in den hauptstädtischen Klatschspalten, aber er ist immer noch nicht mehr als ein fescher Provinz-Heini.

Mit einer gewissen Zielstrebigkeit feilt er an seiner Reputation als charmanter Hallodri. Geza von Chiffra, dessen Anekdoten bisweilen ins Überlebensgroße spielten, erzählt von einer Begebenheit, die sich Mitte der zwanziger Jahre zugetragen hat:

»Ich aß eines Mittags mit Hans Albers und einigen anderen in der überfüllten Kantine des Ateliers. Am Nebentisch saß Richard Oswald mit seiner etwas vorlauten Frau, die dauernd den alten Kellner herumkommandierte und beschimpfte. Albers brummte: ›Der Ziege müßte man das Maul stopfen!‹ Als Frau Oswald laut schrie: ›Wo bleibt mein Würstchen?‹, nahm Albers einen Teller, legte Messer und Gabel darauf, kleckste ein Häufchen Senf dazu, dann stand er auf, öffnete seinen Hosenlatz, holte seine ansehnliche Männlichkeit hervor, legte sie auf den Teller, ging zum Nebentisch und hielt Frau Oswald die ganze Pracht unter die Nase: ›Bitte, Madame, bedienen Sie sich.‹«

☆

Albers ist rastlos. Allmählich geht er auf die Vierzig zu. Das verschärfte Leben auf den nächtlichen Pisten der Metropole steht ihm zwar noch, aber von Jahr zu Jahr bekommt er es mehr mit der Angst zu tun. Er hetzt zwischen Filmateliers und diversen Bühnen hin und her. Er spielt bei den Gebrüdern Rotter, im Kleinen Theater, im Trianon-Theater, im Residenztheater. In Rudolf Nelsons winzigem Theater am Kurfürstendamm versucht er sich als Revue- und Kabarett-Darsteller. Die Stars heißen Willy Schäffers, Blandine Ebinger, Curt Bois.

Albers mit Hansi Burg

Im Theater am Kurfürstendamm darf Albers ein Chanson singen: »Ich will Sie küssen, wenn Sie es verlangen/ Denn ich bin schüchtern, wie jeder gleich sieht/ Drum bitt' ich Sie, Madame, nur anzufangen/ Ich bin ein Einzelfall auf dem Gebiet.«

Dem Einzelfall rückt, gleich erfolgreich, eine rothaarige junge Dame auf den Pelz, die das Lied mit ihm im Duett gestaltet. Sie heißt Hansi Burg und hat, anders als Albers, schon 1925 begriffen, daß ihr eine große Karriere nicht vergönnt sein wird. Ihr Vater ist Eugen Burg, der gefeierte Konversationsdarsteller und Salonlöwe.

Fräulein Burg besitzt ein praktisches Naturell. Der Bonvivant aus dem Hotel Adlon bekommt das rasch zu spüren. Hansi nimmt sein

Leben in die Hand, kümmert sich um seine Geschäfte, besorgt ihm eine Wohnung in der Lenné-Straße 7 am Tiergarten – sie mietet sich ganz in der Nähe ein – und gewöhnt ihm das Zocken ab. Hans, hoffnungslos verliebt, läßt sich alles gefallen. Sie führt ihn vor ein luxuriöses Automobil-Geschäft Unter den Linden und zeigt ihm einen nagelneuen Cadillac. Albers, der Autonarr, der Geschwindigkeitsfanatiker, ist verzaubert. Den kannst du haben, sagt Hansi ihrem Hans, der schlichten Seele, wenn du nur endlich von der Stelle kommst. Der Cadillac leuchtet ihm ein. Bis zu seinem Tod wird er der Marke treu bleiben.

9.
Girls, Girls, Girls

»Manch' Musterknabe schimpft nach Noten/
Auf das verwünschte Nacktballett/
Doch wird dann mal so was geboten/
Da sitzt er vorne im Parkett/
Vor seiner Frau stöhnt er beständig/
So was war schlimmer als wie Gift/
Es sei obszön und unanständig/
Doch wenn er einen Freund dann trifft/
Sagt er zu ihm: Du mußt allein'/
Mal in die Komische Oper gehen/
Ich sag dir, Mensch, da siehste Beine/
Das hat die Welt noch nicht gesehen.«

In den Jahren der Inflation blüht in Berlin ein neuer Kult. Seine Priester heißen James Klein, Hermann Haller und Eric Charell. Seine
Vestalinnen sind Girls, Girls, Girls. Mit der großen Ausstattungsrevue findet der hauptstädtische Amüsierbetrieb seinen eigentlichen
Ausdruck. Bilder-Bogen, Tingeltangel, Wochenschau der Eitelkeiten, Peep-Show und Zeitgeist-Panorama. Mit rasend schnellen Szenenwechseln eilen die Revuen in Kleins Komischer Oper, in Hallers
Admiralspalast, in Charells Großem Schauspielhaus von einer Sensation zur nächsten. Eben fährt noch das »Opel-Raketen-Auto« über
die Bühne, da erscheinen schon »Edith Schollwer und die Haller-
Girls«, denen die »Dolores Twins vom Palladium, London« auf den
Fersen sind, die ihren Platz gleich räumen müssen für das Miniatur-
Drama »Ein unheimlicher Kerl«.
Die Faszination der Revue beschreibt Maximilian Sladek, Direktor
des Großen Schauspielhauses, anläßlich der Premiere der Charell-
Revue »An alle« (1925):
»Das Leben des Großstädters ist ein vielfältig verflochtenes der Oberfläche. Jedes Leben aber will die Kunst, in der es sich wieder erkennt.
Auf diesem Wege ist das Kino Ausdruck der Zeit geworden. Was hilft

es, daß man sich dagegen stemmt? ›Spiegel und abgekürzte Chronik des Zeitalters‹ aber war dem schauhungrigen Weltstadtmenschen von jeher die Revue, dieses bunte, flirrende, lockere, ungeheuer bewegliche, beziehungsreiche Abbild eines im Wirbel umhergetriebenen Daseins. In Paris, London, New York, wo die Revue geboren wurde, hat man das längst erkannt... Auch Berlin war bei fortschreitender Internationalisierung schon vor dem Krieg auf dem Wege zu dieser Entwicklung, die dann durch die Absperrung vom Weltverkehr im letzten Jahrzehnt gehemmt wurde. Heute aber beginnt die Revue auch bei uns ihren Siegeszug, und es muß um so mehr ein Siegeszug werden, als das Theater nicht im Stande ist, das aufgelockerte Leben der Gegenwart in sich zu bannen. Soll man von Verfallssymptomen sprechen und den Untergang des Abendlandes zitieren? Kassandra wendete nicht das Schicksal Trojas, und das Lebendige will sein Recht.«

Es ist die große Zeit der Soubretten und Tanzkomiker, der Illusionskünstler und Schönheitstänzerinnen. Haller-Revuen heißen »Schön und schick« oder »Wann und wo«, Eric Charell erfindet Titel wie »An Alle« oder »Mund zu Mund«. Bei ihm treten Stars wie Claire Waldoff, Curt Bois und Wilhelm Bendow auf. In »Mund zu Mund« heißt eines der Girls Marlene Dietrich, der man – wegen ihrer »Entennase« – keine große Zukunft prophezeit.

Albers ist dabei. Hat er nicht inzwischen Operetten-Erfahrung, durfte er nicht neben (oder besser: hinter) der großen Fritzi Massary in den »Perlen der Cleopatra« und mit der unvergleichlichen Trude Hesterberg in »Die offizielle Frau« im Theater am Nollendorfplatz auf der Bühne stehen? Kommt er da nicht an, als Komiker und unbekümmerter Kraftmensch?

Albers, gut gelaunt und nun auch gut bezahlt – Abendgage: 150 Mark –, spielt sich endlich frei. Kunst ist nicht gefragt in der Revue. Also weg mit dem gespreizten Theater-Getue, den manirierten Gesten, der verfluchten Künstlichkeit. Beim Film haben sie es nicht geschafft, ihm das ganze schreckliche Repertoire des Mimen-Gewerbes einzubleuen: Dafür waren seine Rollen zu klein. Jetzt entdeckt er, wo seine Chance liegt: in der unverschämtesten Natürlichkeit. Die Leute sollen spüren, daß da einer von ihnen auf der Bühne steht. Er hat schon lange nichts mehr zu verlieren. Warum nicht einfach Albers sein?

In der Klein-Revue »Tausend nackte Frauen« springt er noch vom

Kronleuchter an der Bühnendecke in ein Wasserbassin, zieht sich hinter den Kulissen rasend schnell um und erscheint, unter donnerndem Applaus, kaum eine Minute später wieder an der Rampe. Und strahlt. Wie der liebe Gott persönlich.

Der erste Tonfilm: »Die Nacht gehört uns«

10.
Platz an der Sonne

Oskar Homolka ist ein Star. Später, im Exil, wird er hintergründige Typen für Alfred Hitchcock und Howard Hawks spielen, Ende der zwanziger Jahre reißen sich die Berliner Bühnen um den schweren Mann mit den slawischen Zügen.

Oskar Homolka hat keine Lust mehr. Heinz Hilpert paßt ihm nicht, der Regisseur, das Stück paßt ihm nicht, das Mietshaus-Melodram »Verbrecher« von einem gewissen Ferdinand Bruckner, und die Rolle paßt ihm auch nicht. Ein mieses Schlitzohr ist dieser Kellner Tunichtgut. Für so einen Typ sollen sie sich einen anderen holen.

Tun sie auch. Heinz Hilpert, der an Max Reinhardts Deutschem Theater die Uraufführung der »Verbrecher« vorbereitet, muß, drei Wochen vor der Premiere, improvisieren. Irgendwie kommt er auf einen schier abenteuerlichen Gedanken. Es ist so, als würde Luc Bondy Sascha Hehn an die Schaubühne bitten. Heinz Hilpert trifft sich mit Hans Albers. Der ist verblüfft. Und sagt ja.

Am 23. Oktober 1928 ist Premiere. Auf der Bühne des Deutschen Theaters stehen Gustaf Gründgens, Lucie Höflich, Mathias Wieman, Maria Fein, Leonard Steckel. Der Kellner Tunichtgut ist ein verschlagenes Vorstadt-Wiesel, ein schnauzbärtiger Beau, immer einen Schlager auf den Lippen – »Ich küsse Ihre Hand, Madame« –, der am Ende auch der erdrückenden Mietskasernen-Tristesse zum Opfer fällt. Albers spielt diesen tragikomischen Tagedieb, den Draufgänger ohne Fortune. Er behauptet sich, mehr noch: er setzt sich durch. Hilpert schreibt später: »Es war eine Sternstunde des Theaters. Albers ist kein Durchschnittsmime, sondern ein Vollblutkünstler.« A star was born.

Ein halbes Jahr später holt Erwin Piscator Albers an das Theater an der Königgrätzer Straße, für Maxwell Andersons »What Price Glory?«, ein pazifistisches Stück aus dem Ersten Weltkrieg, das Carl Zuckmayer unter dem Titel »Rivalen« für die deutschen Bühnen eingerichtet hat. Piscator arbeitet mit großen Effekten, Filmeinblendungen und Granateneinschlägen.

Die endlose Konfrontation zwischen Captain Flagg und Sergeant Quirt, zwischen dem Gentleman und dem Schürzenjäger, wird auch zum Duell zwischen zwei Schauspielern: Fritz Kortner und Hans Albers. Sie belauern und befehden sich schon auf den Proben. Albers, den Kortner »als ein urwüchsiges, um seine saftigen Wirkungen ungestüm bemühtes und nicht gerade partnerliebendes Mannsstück« wahrnimmt, denkt nicht daran, sich von dem berühmten Theaterstar in den Hintergrund spielen zu lassen. Mehr als ein Jahrzehnt hat er gebraucht, um sich durchzuboxen in Berlin, jetzt boxt er um seinen Platz an der Sonne. Das ist wörtlich zu verstehen. Die allabendlichen Schlägereien auf der Bühne, die sich Flagg/Kortner und Quirt/Albers liefern müssen, nehmen von Tag zu Tag an Heftigkeit zu.

Kortner steigt aus. Er ist ein guter Verlierer. Fritz Kampers übernimmt die Rolle. Albers siegt. Das wird lange so bleiben. Was noch bleibt, ist ein Lied, das Zuckmayer für »Rivalen« geschrieben hat, nach einer alten amerikanischen Weise: ein Lied von Sergeant Quirt, ein Lied für Hans Albers.

»Ich kam aus Alabama/ übern großen Teich daher/
ich hatte keinen Pyjama/ und auch keinen Strohhut mehr...«

Albers singt die Ballade von den verlorenen Frontsoldaten. Sein einzigartiger Stil, diese heiseren kleinen Töne, diese unsentimentale Direktheit kommen sofort an. Im Frühling 1929 entdeckt Berlin den Sänger Albers.

☆

»Er bewegt sich nicht zierlich, er läuft gewichtig vom Stapel, es ist, als müßte immer erst eine Sektflasche an seinem Bug zerschellen, bevor er einen Ortswechsel vornimmt. Mit vorgebeugten Schultern schiebt er die leichte Luft wie einen Felsen beiseite, er betritt den Tanzsaal wie der Gladiator die Arena und schaut den Kokotten mutig wie dem Tode ins Auge... Und er hat, als ein unbefangener, mutiger Kerl, die Tonfilmsprache erfunden. Viele Filmschauspieler sprechen bis zum heutigen Tag ein feierliches Bühnendeutsch, während Albers schon in einem der allerersten Tonfilme, in ›Die Nacht gehört uns‹, etwas ganz Neues und sehr Passendes machte: da saß er über ein ohnmächtiges Mädchen gebeugt und sprach ihr gut zu. Aber er sprach keinen reinen Text, er murmelte Trostgeräusche, er streute unverständliches Zeug zwischen die Zeilen, allerlei akustischen Kehricht, halbe Wörter, kleine Seufzer, befriedigtes Gebrumm. Denn er fühlte, daß es zu den Aufgaben des Tonfilms gehört, die Sprache in die übrige Welt der Laute einzuordnen.«

Was Rudolf Arnheim in der »Weltbühne« beschrieb, brach Weihnachten 1929 über das Kinopublikum wie ein Naturereignis herein. Der Tonfilm war da. Der Tonfilm war Albers. Albers war der liebe Gott. Der liebe Gott kaufte sich einen Cadillac.

„Der Sieger"

Hans Albers   Käthe von Nagy

Es führt kein andrer Weg zur Seligkeit

Ich armer Schwärmer weiß es kaum,
Ob mein schönster Traum
einmal wahr wird!
Mein Herz schlägt wärmer nur bei dir,
bis ich's ganz verlier'
und mir endlich klar wird:

Mein kleines Zimmer ist bereit,
dich zu jeder Zeit
zu erwarten!
Mondheller Schimmer liegt darauf,
und mein Herz blüht auf,
wie ein Rosengarten!

Refrain:

Es führt kein an-drer Weg   zur Se - lig - keit

als über deinen Mund!

Drum mach mir bitte nicht den Weg zu weit, und komm und küß mich gesund!
Ich träum von deinem Mund schon eine Ewigkeit, doch heut' erst weiß ich den Grund,
Es führt kein andrer Weg zur Seligkeit als über deinen Mund!

713

11.
Die Straße frei für mich

Albers hat zu tun. In den letzten drei Jahren der Weimarer Republik, während die Regierungen öfter wechseln als die strahlenden Posen des Gewinners, dreht er zehn Filme. Ein Mythos wird geboren. Die Unwiderstehlichkeit, mit der dieser behende Kerl, unberührt von der Agonie und dem Chaos, den Großstadt-Dschungel erobert, macht das Publikum süchtig. Er ist schlagfertig, nicht nur mit den Fäusten. »Da ist der Ausgang«, bedeutet ihm die zwielichtige Tingeltangel-Lady im »Greifer« (1930), dem ersten der klassischen Albers-Filme. Von so einer Abfuhr läßt sich Sergeant Harry Cross, das As von Scotland Yard, natürlich keine Sekunde beeindrucken. »Und wo ist der Eingang?« fragt er leichthin zurück, mit einem Blick und einem Grinsen, die auch sechzig Jahre später jeden Jugendschützer beunruhigen müssen.

»Der Draufgänger« (1931) ist ein braver Hamburger Hafenpolizist, der, ein Westerner der Waterkant, mit allerlei üblem Gelichter aufräumt. Und für sein Mädel hat er ein Lied:

»Kind, du brauchst nicht weinen/ Du hast ja einen/ Und der bin ich/ Und brauchst du einen ganz schnell/ Dann ruf nach Hans schnell/ Denn der bin ich.«

Jeder Albers-Song wird ein Schlager. Und während die Filme dazu, egal ob sie »Hans in allen Gassen« (1930) oder »Der Sieger« (1931) heißen, bald wieder aus dem Gedächtnis verschwinden, bleiben die Lieder im Herzen der Republik.

> »Hoppla, jetzt komm ich
> Alle Türen auf, alle Fenster auf!
> Hoppla, jetzt komm ich
> Und wer mit mir geht, der kommt eins rauf
> Einen Happen möcht ich schnappen
> von der schönen Welt
> Und das Leben mal erleben,

wie es mir gefällt!
Hoppla, jetzt komm ich!
Alle Türen auf! Alle Fenster auf!
Und die Straße frei für mich!«

»Der Sieger« heißt der Film zum Lied, die Geschichte eines kleinen Mannes, der alles auf eine Karte setzt und alles gewinnt: das Mädel, die Karriere, die Zukunft. Uraufgeführt wird »Der Sieger« am 21. März 1932. SA marschiert – ins Kino, aber Ernst Thälmanns Kämpfer verfallen dem grenzenlosen Elan des Vabanquespielers nicht minder. Doch der, den sie da alle anhimmeln, die Braunen wie die Roten, die Dienstmädchen wie die Literaten, ist ja einer, der deshalb bei allen ankommt, weil er bei sich angekommen ist – ein Anarchist des Alltags, ein Desperado, der auf keine Fahne schwört als auf den frechen Wimpel der eigenen Unwiderstehlichkeit.
Siegfried Kracauer schrieb viel später, 1947, in »Von Caligari zu Hitler« über den Typ Albers:
»Er strotzte vor strahlender Vitalität, war äußerst aggressiv und ergriff wie ein geborener Pirat jede Gelegenheit in seiner Reichweite. Was er auch in Angriff nahm, ob Feinde oder Mädchen, alles geschah wie unabsichtlich – eher als ob er von wechselhaften Stimmungen und Umständen geleitet würde und nicht von dem festen Willen, etwas durchzusetzen. Tatsächlich tat er nichts nach Plan. Und da er sich um das Glück wenig scherte, verfolgte Fortuna ihn mit der Hartnäckigkeit einer liebenden Frau und lieh ihm, wann immer er in eine der zahlreichen ihm zugedachten Fallen tapste, eine helfende Hand. Natürlich ergriff er die Hand, die sie ihm bot, und eilte sorglos wie immer davon. Jeder Albers-Film brachte volle Häuser in den proletarischen Vierteln wie auch auf dem Kurfürstendamm. Dieser menschliche Dynamo mit dem goldenen Herzen verkörperte im Film, was jeder im Leben gern wäre.«
Unter den rasch gedrehten Kinostücken jener Jahre läßt Albers später nur noch eines gelten: »Drei Tage Liebe« (1931), inszeniert von Heinz Hilpert, mit Käthe Dorsch und Rudolf Platte: »Als ich in ›Drei Tage Liebe‹ einen Möbelpacker spielte, einen Berliner Typ, bekam ich Briefe von richtigen Möbelpackern, die mich fragten, ob ich aus ihrer Zunft stamme, denn ich hätte das alles so lebensecht gespielt. Das war für mich wohl das schönste Lob. Denn ebenso wie beim Theater gehen auch beim Film die tiefen Wirkungen vom Natürlichen

aus, von der menschlichen Wahrhaftigkeit, von der ehrlichen Empfindung. Das Publikum muß nicht in erster Linie eine darstellerische Leistung fühlen, sondern die Ausstrahlung eines Menschen. Die Linse ist unbestechlich, sie überträgt mit erbarmungsloser Klarheit das Wesen des Menschen, und es ist selbstverständlich, daß Bewegung, Ausdruck, Ton verbürgt echt sein müssen.«

☆

»Mein Gorilla hat 'ne Villa im Zoo,
mein Gorilla lebt zufrieden und froh.
Er kennt keine Politik,
und es ist sein höchstes Glück,
die Gemahlin zu jucken
und auf jeden, der ihn stört,
aus der Villa ganz empört
voll Verachtung zu spucken!«

»Heut kommt's drauf an« heißt der Albers-Film mit der Hymne auf den unbeschwerten Primaten. Als er, von dem später im KZ ermordeten jüdischen Regisseur Kurt Gerron in den letzten Monaten der Weimarer »Systemzeit« inszeniert, am 17. März 1933 im Berliner Gloria-Palast uraufgeführt wird, klingt der ungeniert alberne Affen-Song wie ein makabres Requiem auf die in atemlosen Zuckungen verendete Republik.
»Er kennt keine Politik«: Albers, der Narziß par excellence, der selbstverliebte Aufsteiger, dem nachgesagt wird, er würde stundenlang sein Spiegelbild anstarren, hält sich aus den chaotischen öffentlichen Händeln der Zeit heraus. Weder flirtet er, wie etwa Gründgens und Heinrich George, im Berlin der späten zwanziger Jahre mit Prolet-Kult und linkem Agitationstheater, noch läßt er sich von gelegentlichen Anbiederungsversuchen der nationalsozialistischen Kampfpresse ködern: »Albers ist gewissermaßen ein ins Filmische transponierter Nationalsozialismus, die bewußte Flucht aus dem pessimistisch gefärbten, pomadigen Opportunitätsdusel des Alltags.« Der anonyme völkische Filmbeobachter, der 1932 diese Zeilen anläßlich des Albers-Films »Der Sieger« zu Papier brachte, kann nicht oft ins Kino gegangen sein. Denn den Hans, den liebten sie alle, auch und gerade in den roten Arbeitervierteln.

12.
Die Macht und die Herrlichkeit

»Hoppla, jetzt komm ich«: In den letzten Jahren der Weimarer Republik ist das Bild des vergnügten Freibeuters noch ohne Schatten und Blessuren. Seinen späten Ruhm – inzwischen ist er über vierzig – genießt Hans Albers auf eine geradezu kolossale Art. Wer ist der Schönste im ganzen Land, der Tröster der Witwen, der Rächer der Enterbten, der Fürst des Projektoren-Lichts? Albers-Premieren, die jetzt im Abstand von wenigen Monaten stattfinden, gehen nie ohne hysterische Tumulte, ohne Ohnmachtsanfälle, ohne einen schier rauschhaften Jubel ab. Und seinem Volk zeigt er sich gern und oft, das Gedränge stört ihn nicht, die Ovationen dürfen niemals enden.

Der Star lernt rasch. Selbstbewußt war er schon immer, jetzt benutzt er seine neue Machtposition, um über Stoffe, Partner, Regisseure mitzubestimmen. Er ist rabiat. Er will oben bleiben. Selbst mit einem Robert Siodmak legt er sich jetzt an. Jener berichtet in seinem Erinnerungsbuch »Zwischen Berlin und Hollywood« über einen Zwischenfall bei den Dreharbeiten zu »Quick« (1932):

»Eines Tages sollte Albers auf einem Riesen-Banjo, das im Studio aufgebaut war, einige Tanzschritte machen. Er hatte die Nacht vorher natürlich wieder einmal zuviel getrunken. Als das Licht anging, konnte er nichts mehr sehen und brüllte mich aus etwa zehn Meter Höhe an. Die rund achthundert Statisten waren ganz still. Ich machte das Licht aus, er kletterte von seinem Banjo herunter und knallte die Tür hinter sich zu. Ich ließ gerade einen Sicherheitsgurt befestigen, als er wieder erschien. Er sagte: ›Was soll der Unsinn? Ich mache es auch so!‹ Da er sehr sportlich war, kletterte er ohne Hilfe hinauf und sagte, um mir noch eins auszuwischen: ›Mit Jannings hätten Sie das nicht gemacht!‹ Ich erwiderte ganz ruhig: ›Nein, Herr Albers – Jannings ist ein Künstler, und Sie sind nur ein Akrobat!‹ Die Statisten lachten, er aber sagte nichts mehr, da er ein Galerieschauspieler war und sich vor seinem Publikum nicht blamieren wollte.«

Einen Spielleiter wie den unglückseligen Hanns Schwarz läßt er 1931

Albers in »Quick« von Robert Siodmak

im sonnigen Monaco einfach stehen, als ihm dessen Inszenierungs-
versuche nicht passen. Schwarz – keiner, der Filmgeschichte gemacht
hat – lenkt ein. »Bomben auf Monte Carlo«, produziert von Erich
Pommer, der zwei Jahre später nach Paris flieht, wird zum zweit-
erfolgreichsten Film des Jahres.

13.
Piloten ist nichts verboten

»Flieger, grüß mir die Sonne,
grüß mir die Sterne und grüß mir den Mond.
Dein Leben, das ist ein Schweben
durch die Ferne, die keiner bewohnt.
Schneller und immer schneller
rast der Propeller,
wie dir's grad gefällt.
Piloten ist nichts verboten,
drum gib Vollgas und flieg um die Welt.«

Selbst wenn er auf einer winzigen Ostsee-Insel nahe Rügen dreht, ist
er die Sensation. Im September 1932 besucht der junge Wolfgang
Koeppen für den »Berliner Börsen-Courier« die Dreharbeiten des
Albers-Films »F. P. 1 antwortet nicht«: »Der ganze Ort steht auf der
Landungsbrücke. Die Ankunft des Filmdampfers ist die tägliche Sen-
sation dieser Wochen. Die Aussteigenden müssen durch ein Spalier
von Neugierigen. Und der Held ist Hans Albers. Veidt darf gehen,
Lorre darf gehen, Hartmann darf gehen, Albers aber wird umringt.
Er muß Rede und Antwort stehen, bis er an der Spitze eines Triumph-
zuges sein Hotel erreichen kann...
Der Besitzer des größten Hotels hat Sorgen. Was koche ich für Albers? fragt er sich täglich und serviert dann ein Menue von sieben
Gängen. Die Schauspieler müssen es, um den Mann nicht zu kränken,
im Schweiße ihres Angesichts verzehren... Und dann verschwinden
Albers und Lorre in den Fischerkneipen...«
In »F. P. 1 antwortet nicht« darf Albers endlich einmal zeigen, daß
sein darstellerisches Vermögen für mehr langt als für die eilig herun-
tergekurbelten Hauruck-Klamotten, in denen der Sieger siegt, Hans
in allen Gassen dampft, der Draufgänger aber nie draufgeht.
Der »Weltflieger« Ellissen, eingeführt als schneidiger Ritter der
Lüfte, erweist sich als zarte Seele. Sein allerbester Freund stiehlt sich
– während der Weltflieger abenteuernd außer Landes weilt – ins Herz

von Ellissens Angebeteter. Da bricht er zusammen, verwandelt sich in einen unrasierten Trunkenbold, in einen cholerischen Randalierer, kurz in eine bemitleidenswerte Kreatur, von dumpfem Selbstmitleid geschüttelt. Das soll unser Hanne sein? Doch gemach: Als Saboteure die stählerne Insel im Ozean angreifen, als die kühne Konstruktion schon verloren scheint, als bester Freund und abtrünnige Geliebte gefaßt das Ende nahen sehen, erwacht des Fliegers edle Natur – im allerletzten Moment. Noch in der entscheidenden Nacht auf der Flug-Plattform schwankt er durch die verlassenen Gänge des riesigen Are-als und lallt, eine grandiose Parodie auf seine eigene Legende, das heroische Fliegerlied haltlos-hämisch vor sich hin:

»Wir warten nicht/ Wir starten/ Was immer auch geschieht/ Durch Wind und Wetter klingt das Fliegerlied.«

In »F. P. 1 antwortet nicht« hat Albers Momente wie Jean Gabin in »Hafen im Nebel«, wie Bogart in »Casablanca«. Da zeigen sich die Risse in der wetterfest verputzten Helden-Fassade, da steht dem Pira-ten auch ein gebrochenes Herz. Der Sieger siegt sich um sein Glück. Er verliert die Fassung, aber am Ende nicht die Haltung. »F. P. 1 antwor-tet nicht« ist der erste Triumph des Filmschauspielers Hans Albers.

14.

Der vom Rummelplatz

»Komm auf die Schaukel, Luise,
das ist ein großes Plaisir,
du fühlst dich wie im Paradiese
und zahlst nur einen Groschen dafür.
Komm auf die Schaukel, Luise,
ich schaukle her dich und hin,
und zeig dir hernach auf der Wiese,
Luise, wie gut ich dir bin.«

Er will nicht immer der Kasper sein. Hat er seinen Beruf nicht gelernt, hat ihm nicht sogar 1931 das verwöhnte Berliner Premierenpublikum zu Füßen gelegen, als er in der Volksbühne – gegen die massiven Bedenken des Autors – den Liliom spielte, den vom Rummelplatz, den zartesten aller Unholde? Ist nicht nach der Premiere Franz Molnar höchstselbst in seine Garderobe geeilt, um sich zu entschuldigen, um ihm zu gratulieren zum besten Liliom seit dem großen Max Pallenberg? Und hat nicht sogar Charlie Chaplin ihm seine Aufwartung gemacht?

Ein zeitgenössischer Rezensent beschreibt den Liliom von Hans Albers so:

»Diesem Liliom fehlt jede Sentimentalität; es fehlt ihm allerdings auch das Phantastische, das er im Stück von Molnar mitbekommen hat. Albers verstärkt das Physische der Gestalt, die Kraft und die Behendigkeit; er verstärkt aber auch den Zynismus und die Brutalität. Er spielt das Akrobatische der Rolle ›wirklich‹ und mit amüsantem Realismus; er spielt mit den gleichen Mitteln und mit einem Feuerwerk von großen und kleinen Einlagen den seelischen und sexuellen Kraftmeier – oft mit Absicht über eine Grenze bürgerlicher Wohlanständigkeit hinaus. Von Budapest nach Berlin verpflanzt, hat der Liliom von Albers nichts Zigeunerisches, weder äußerlich noch innerlich; dafür hat er einen kühlen, blonden, trockenen Humor. Es ist der tiefe Reiz dieses Humors, daß er aus der unbewußten Tragik

Hans Albers

Liliom.

kommt: er ist die beste, vielleicht die einzige Möglichkeit, ein hoffnungslos proletarisches Dasein zu ertragen.

Deshalb geht Lilioms Humor, der im Himmel eben noch sarkastisch und grotesk war, in der letzten Erdenszene mühelos und fast unmerklich in Wehmut über; die Herzlichkeit des humoristischen Gefühls ist hier und dort dieselbe. Wie Albers am Anfang nicht komisch, sondern – auf die Mädchen und die Zuschauer – unheimlich wirkt, so wirkt er am Ende nicht rührend, sondern ergreifend – nicht auf die Tränendrüsen, sondern geradewegs aufs Herz. Stärkstes Spielmittel ist in allen Lebens- und Sterbenslagen das Auge; sein Blau, weder grell noch parfümiert, ist der Spiegel einer männlichen und ungebrochenen Seele. Aber auch die Stimme spielt, heiser und doch seltsam untertönt, für Liliom (nicht nur mit dem Wiesen- und Luisenlied) eine wesentliche Rolle; diese Stimme, rauh von Alkohol, frischer Luft und fortgesetztem Lebenswandel, ist die typische Stimme des Enterbten.«

Leider wird Albers seine schönste Rolle nie im Film spielen. Fritz Lang dreht »Liliom« 1934 im französischen Exil – mit Charles Boyer in der Titelrolle.

„Bomben auf Monte-Carlo"

Hans Albers Heinz Rühmann

Das ist die Liebe der Matrosen

Ahoi! die Welt ist schön und muß sich immer dreh'n,
da woll'n wir mal ein Ding dreh'n! Jawoll, Herr Kapitän! Jawoll, Herr Kapitän!
Was nützt uns sonst die Kraft! Blut ist kein Himbeersaft!
Die Sache wird schon schief gehn! Jawoll, Herr Kapitän! Jawoll, Herr Kapitän!
Und hast du eine Fee, dann schreib ihr: Schatz ade!
Ich muß mal eben rüber zum Titicacasee!

Von Kapstadt bis Athen, da gibt es was zu sehn,
wofür ist man denn Seemann? Jawoll, Herr Kapitän! Jawoll, Herr Kapitän!
Wie schön ist es zu Haus, doch halten wir's nicht aus!
Wo anders ist es auch schön! Jawoll, Herr Kapitän! Jawoll, Herr Kapitän!
Wenn dich die Tränen rühr'n, dann schwör's mit tausend Schwür'n:
Ich muß mal am Aequator die Linie frisch lackier'n!

Refrain

Das ist die Lie - be der Ma - tro - sen!

Auf die Dauer, lieber Schatz, ist mein Herz kein Ankerplatz!
Es blühn an allen Küsten Rosen, und für jede gibt es tausendfach Ersatz!
Man kann so süß im Hafen schlafen, doch heißt es bald auf Wiedersehn!
Das ist die Liebe der Matrosen

von dem kleinsten und gemeinsten Mann bis rauf zum Kapitän!

15.

Von Herzen zugetan

Der Minister ist bester Laune: »Glauben Sie nicht, daß wir uns berufen fühlen, Ihnen das Leben sauer zu machen. Die jungen Männer, die jetzt in der Regierung sitzen, sind den deutschen Filmkünstlern von Herzen zugetan. Ich selber habe an vielen Abenden der vergangenen Zeit nach den entnervenden Kämpfen des Tages mit dem Reichskanzler im Lichtspielhaus gesessen und Entspannung gefunden. Glauben Sie nicht, daß wir dessen nicht in Dankbarkeit gedächten.«

Der Minister hat ein großes Herz. Dieser Eisenstein mag ja ein bolschewistischer Jude sein, aber sein »Panzerkreuzer Potemkin« – Hut ab! »Das Testament des Dr. Mabuse« von Fritz Lang hat man leider vor ein paar Tagen absetzen müssen, aber Langs »Nibelungen« – alle Achtung!

Der Minister findet klare Worte: »Die Kunst ist frei. Und die Kunst soll frei bleiben, allerdings muß sie sich an bestimmte Normen gewöhnen.« Aber wollen sich auch die Künstler an diese »bestimmten Normen« gewöhnen? In den Tagen und Wochen nach der berühmten Kaiserhof-Rede des frisch ernannten Reichsministers für Volksaufklärung und Propaganda, Dr. Joseph Goebbels, am 28. März 1933, packen die besten Kräfte des deutschen Films die Koffer. Niemand versucht sie zurückzuhalten, die Schauspieler von Curt Bois und Felix Bressart bis Peter Lorre und Fritz Kortner, die Komponisten von Werner Richard Heymann bis Friedrich Hollaender, die Regisseure von Kurt Bernhardt und Wilhelm Dieterle bis Max Ophüls und Billy Wilder.

Im Gegenteil: Schon einen Tag nach der ersten von vielen Goebbels-Reden zum Film beschließt der Vorstand der größten deutschen Produktionsgesellschaft, der Ufa, sich von allen jüdischen Mitarbeitern zu trennen. Es kann sein, daß dieser vorauseilende Gehorsam nicht ganz im Sinne von Goebbels ist. Denn dem bleibt nicht verborgen, daß der gigantische Aderlaß die Qualität des deutschen Films auf lange Jahre beschädigen muß. Goebbels will erstklassiges Handwerk.

Die richtige Gesinnung, sagt er immer wieder, ist nicht genug: »Was wir wollen, ist mehr als dramatisiertes Parteiprogramm.«

Robert Siodmak, seit der halbdokumentarischen Berliner Ballade »Menschen am Sonntag« (1929) als einer der begehrtesten Nachwuchsregisseure der Ufa im Geschäft, erlebt ein Ende auf Raten: »Mein Bruder hatte einen Roman ›F. P. 1 antwortet nicht‹ geschrieben. Ich sollte ihn verfilmen. Aber die Ufa konnte mich nicht mehr durchsetzen. Ich bekam als Jude keine Arbeitserlaubnis. Karl Hartl drehte ihn, sehr erfolgreich, mit Hans Albers. Es gelang mir, ein Visum nach Frankreich zu bekommen, und ich verließ bei Nacht und Nebel Berlin.«

☆

Hans Albers bleibt. Das fällt ihm nicht leicht. Viele, die jetzt in eine ungewisse Zukunft fliehen, sind gute Freunde. Mit Peter Lorre, dem skurrilen Melancholiker, hat er nicht nur etliche Filme gedreht, sondern auch unzähligen Flaschen den Garaus gemacht. Robert Siodmak inszenierte den ungewöhnlichsten Albers-Film der frühen dreißiger Jahre, die tragikomische Clowns-Geschichte »Quick« (1932) mit Lilian Harvey. Und es war Werner Richard Heymann, der Komponist der »Drei von der Tankstelle«, der Albers für die schräge Kino-Operette »Bomben auf Monte Carlo« (1931) einen seiner strapazierfähigsten Gassenhauer geschrieben hatte: »Das ist die Liebe der Matrosen.«

Am Abend, als der Reichstag brennt, am 27. Februar 1933, diniert Albers mit seiner jüdischen Freundin Hansi Burg im Hotel Adlon Unten den Linden. Einer in einer braunen Uniform, deutlich angetrunken, macht am Nebentisch eine unüberhörbare Bemerkung über jiddische Weiber, die deutschen Männern nachstellen. Albers steht auf, eine Schlägerei scheint unausweichlich, da greift Hansi Burg, die Praktische, ein. Sie will keinen Skandal. Seit sieben Jahren lebt sie mit Albers zusammen. Noch fürchtet sie sich mehr vor seinen diversen Affären als vor einem besoffenen SA-Führer. Niemand, glaubt sie, wird es ernsthaft wagen, sich am größten Star des Reiches und der Frau an seiner Seite zu vergreifen.

16.
Zeichen der Zeit

»Ich habe nicht gewußt, daß Hitler ein Nazi war. Die Wahrheit ist, daß ich lange geglaubt habe, daß er für die Telefon-Gesellschaft arbeitet. Als ich endlich herausfand, was für ein Monster er in Wirklichkeit war, war es schon zu spät, etwas gegen ihn zu unternehmen. Ich hatte gerade meine Möbel angezahlt.«

Woody Allens Satire über Hitlers ganz und gar ahnungslosen Leibfriseur (»The Schmeed Memoirs«) wirkt beinahe wie ein Stück dokumentarischer Prosa, wenn man die zahllosen Erinnerungsbücher der deutschen Darsteller-Prominenz jener Jahre studiert.

»Anläßlich der Eröffnung des Hauses der deutschen Kunst war mir ein hoher SS-Mann als Tischherr zur Seite gesetzt worden... Mein Tischherr in Uniform machte Konversation, erkundigte sich, warum ich mich bei den geselligen Zusammenkünften der Regierung so selten sehen ließe, und forderte mich auf, öfter mit Parteiprominenz Umgang zu pflegen... ›Das ist ganz reizend von Ihnen, mein Lieber‹, erwiderte ich. ›Nur müßten Sie so freundlich sein und mir noch einmal Ihren Namen nennen, den ich vorhin nicht verstanden habe.‹ Erstaunt blickte mich der uniformierte Herr an, dann sprang er... auf, verbeugte sich und sagte artig: ›Himmler, Heinrich, Reichsführer SS.‹«

Woher sollte sie das auch wissen, die reizende Lil Dagover (»Ich war die Dame«)? Hitler konnte man wenigstens an seinem Schnurrbart erkennen, Goebbels war in der Ufa-Kantine als »Humpelbeen« immer für einen Scherz gut, Goering ein untertänigst hofierter Freund der Künste. Herrliche Zeiten, alles in allem.

Andererseits waren sie ja auch alle dagegen, irgendwie Widerstandskämpfer. Gustav Froehlich hat sogar Goebbels geohrfeigt oder wenigstens stark mit dem Gedanken gespielt. Und wie fürchterlich enttäuscht muß Leni Riefenstahl gewesen sein, als dieser Hitler sie doch tatsächlich zwang, »Triumph des Willens« zu drehen!

☆

Emil Jannings ist geblieben. Er kennt Hollywood. In Kalifornien hat es ihm nicht gefallen. Gewiß, Josef von Sternberg, Mauritz Stiller und der schon früh nach Amerika entschwundene Landsmann Ernst Lubitsch haben mit ihm gedreht, ja, 1928 bekam der allseits hofierte Gast gar einen ganz neuen Filmpreis (den ersten und bislang einzigen »Oscar« für einen deutschen Darsteller). Aber leben möchte er nicht in diesem kulturlosen Kaff Los Angeles. Im Salzkammergut ist es schöner.

Die neuen Herren in Berlin honorieren Jannings' Heimatliebe fürstlich. Sie überschütten ihn mit Titeln und Ehren. Sie machen ihn zum Reichskultursenator, zum Staatsschauspieler und zum Träger der Goethe-Medaille. Jannings revanchiert sich. Er tritt im Dritten Reich zwar nur in neun Filmen auf, aber wenn es darum geht, völkisches Gedankengut, heroische Gesinnung oder anti-englische Propaganda unter die Leute zu bringen, ist er dabei: »Der alte und der junge König«, »Der Herrscher«, »Robert Koch«, »Ohm Krüger«, »Die Entlassung«.

Heinrich George, das gutmütige Schwergewicht, erkennt die Zeichen der Zeit. Galt er gerade noch als radikaler roter Genosse, läutert er sich 1933 praktisch über Nacht zum glühenden Nationalsozialisten. Zu seinen 32 Filmen in der NS-Zeit gehören »Hitlerjunge Quex«, »Unternehmen Michael«, »Heimat«, »Jud Süß« und zum bitteren Ende noch »Kolberg«. Zu seinem fünfzigsten Geburtstag wird er 1943 zum Generalintendanten ernannt. Hitler läßt ihm ein Bild mit persönlicher Widmung überreichen.

Es geht ihnen glänzend, den Stars der neuen Zeit. Nach dem Exodus von 1933 werden sie dringend gebraucht. Wenigstens mit ihnen kann der filmsüchtige Dr. Goebbels Staat machen, auch wenn er insgeheim kaum dazu neigt, sie wirklich ernst zu nehmen. Noch am 27. April 1942 notiert er in seinem Tagebuch: »Auch der Führer sieht ein, daß die meisten Künstler, vor allem die Schauspieler, einen kleinen Tick haben. Man muß darauf gebührend Rücksicht nehmen.«

17.
Der Star und der Minister

Mitte 1933 macht Hans Albers eine irritierende Entdeckung. An der Wand der Ufa-Kantine, wo immer die Starporträts gehangen haben, findet sich eines Mittags nur noch ein einziges Bild. Der Mann darauf sieht zwar nicht einmal halb so gut aus wie Albers, spielt auch höchstens in der Wochenschau mit, aber doch ist er jetzt der größte Star – Adolf Hitler.

Sehr viel später schreibt der heimgekehrte Emigrant Fritz Kortner, dem »das widerstandskräftige Verhalten meines Todfreundes Albers« auch in Hollywood nicht entgangen war: »Aus Gesprächen mit ihm erkannte ich, daß sich seine Abneigung gegen den Diktator Hitler auch auf den Publikumsliebling Hitler bezog. Er fand sich von ihm auch auf diesem Gebiet in den Schatten gestellt. Den Kampf Hitler – Albers um das Dienstmädchen gewann Hitler. Sieger blieb Albers.«

Nur eine Konkurrenz der Eitelkeit? Der Star Albers interessiert sich kaum für Politik – dafür ist er viel zu beschäftigt –, doch die neuen Machthaber verletzen auf sehr elementare Weise seinen Gerechtigkeitssinn. Ein brachiales Schlüsselerlebnis beschert ihm – wahrscheinlich 1934 – ein Zwischenfall in der »Kameradschaft der deutschen Künstler« (KddK), einem der beliebtesten Berliner Schauspieler-Treffs. Albers erscheint in Begleitung seines Kollegen, väterlichen Freundes und inoffiziellen Schwiegervaters Eugen Burg. Die beiden Herren haben ihre Mäntel schon an der Garderobe abgegeben, als ein Angestellter erscheint und Albers in eine Ecke zieht. Er sei selbstverständlich jederzeit willkommen in der KddK, aber der Jude Burg habe keinen Zutritt. Albers schnappt sich, bebend vor Zorn, seinen Mantel. Mit einer solchen »Kameradschaft« will er denn lieber doch keinen Umgang pflegen.

»Dieser Albers ist ein Teufelskerl«, notiert Goebbels noch am 26. Dezember 1932 bewundernd in seinem Tagebuch. Da hat er gerade zum zweiten Mal »F.P. 1 antwortet nicht« gesehen. Wer denn, außer Albers, könnte geradezu idealtypisch den neuen Mann der neuen Zeit, den perfekten Arier verkörpern? Jannings, George und Werner Krauss – rundliche Tragödien! Willy Fritsch und Hans Söhnker – leichte Liebhaber! Willy Birgel und Ferdinand Marian – samtene Salonlöwen!

Keiner von ihnen besitzt jene Ausstrahlung, die kleine Jungen, brave Ehefrauen und sittlich gefestigte Staatsdiener gleichermaßen zum Träumen bringt. Was ist das Kino wert ohne seine Abenteurer? Hollywood hat Clark Gable, Gary Cooper, Spencer Tracy. Goebbels hat Hans Albers, Hans Albers, Hans Albers. Und hat ihn doch nicht.

☆

Der Mann zieht sich zurück. Am Starnberger See, in Garatshausen, nahe Tutzing, erwirbt er ein Anwesen. Dort, aber auch in Berlin, erreichen ihn erste Kassiber aus London. Conrad Veidt läßt ausrichten: Hans, du gehörst hierher. Aber er will immer noch nicht weg. Albert Bassermann, einer der größten Schauspieler Deutschlands, noch Mitte 1933 in dem Albers-Film »Ein gewisser Herr Gran« zu sehen, reist ab, als ihm die Nazis immer dringlicher empfehlen, sich von seiner jüdischen Frau zu trennen. Auch bei Albers erscheinen Emissäre. Er wirft sie hinaus. Hansi Burg bleibt bis 1938 in Deutschland. Eine Urlaubsreise in die Schweiz nutzt sie, um sich nach London abzusetzen. Albers, erzählt sie später, habe sie in ihren Plan nicht eingeweiht. Noch während des Krieges schickt er ihr Geld nach England. Aber auch ein Albers, längst in einen zähen, stetig eskalierenden Kleinkrieg mit der Ufa und dem Propagandaministerium verwickelt, kann Eugen Burg nicht retten. Er wird 1944 in Theresienstadt ermordet.

Franz Molnars »Liliom« verschwindet vom Spielplan der Theater. Ein pazifistisches Stück wie Maxwell Andersons »Rivalen« darf nicht mehr aufgeführt werden. Albers verliert seine besten Bühnenrollen. Dafür verliert das deutsche Theater den Schauspieler Albers. Zwischen 1933 und 1945 verweigert er sich allen Angeboten.

Warum folgt er seinen Freunden nicht ins Exil? Er fürchtet sich vor der Fremde. Er ahnt, daß seine Ausstrahlung, die das deutsche Publikum nahezu hypnotisiert, in Frankreich, in England, gar in Hollywood nicht ankommen würde. Er müßte – mit höchst zweifelhaften Erfolgsaussichten – wieder ganz von vorn anfangen. Er hat nicht ein halbes Leben um die ganz große Karriere gekämpft, um sie jetzt aufs Spiel zu setzen. Er – der liebe Gott des Kinos, abgeschirmt vom Alltag des Dritten Reichs – neigt lange dazu, die Nazis nicht recht ernst zu

Mit Brigitte Horney in »Savoy Hotel 217«

nehmen. Man braucht einander: der Star seine Auftritte, der Minister seinen Star. Von Zuneigung keine Spur, aber das Arrangement hält.

☆

Aus den Goebbels-Tagebüchern:

»›Varieté‹ mit Albers und Annabella. Ganz gut, aber nichts Gewaltiges.« (21. September 1935)

»›Henker, Frauen und Soldaten‹, ein spannender und hinreißender Film mit Albers.« (11. Dezember 1935)

»›Savoy Hotel 217‹ Ucicky-Albers, Menzel zu gekünstelt und ausgeklügelt. Keine ganz großen Effekte.« (6. April 1936)

»Abends Filme: Albers-Ucicky ›Unter heißem Himmel‹, überladen, etwas schmieriges Milieu, Handlung zu breit und unverständlich, kein Treffer. Albers wirkt auch zu maniriert.« (7. Dezember 1936)

67

»Mit Demandowski Filmfragen. Die Gagen müssen herunter. Vor allem für Albers.« (18. Juni 1937)

An seinem ungeliebten Star hat der Minister von Jahr zu Jahr weniger Freude. Goebbels, der sich noch in den letzten Kriegsjahren die Probeaufnahmen des Ufa-Nachwuchses vorführen läßt, der in seinen monumentalen Reden zum Film eine verblüffende Detailkenntnis beweist, merkt verbittert, daß er auf den falschen Mann gesetzt hat. Das ist, nicht zuletzt, ein sehr teures Vergnügen. Albers läßt sich fürstlich bezahlen. Pro Film kassiert er 120.000 Mark (was heute einer Millionengage entsprechen dürfte). Nur Zarah Leander (150.000 Mark), Benjamino Gigli (132.000 Mark) und Emil Jannings (125.000 Mark) liegen im Gagengefüge noch vor ihm, die Schwedin und der italienische Tenor aber nur deshalb, weil sie einen Teil ihrer Honorare in Devisen beziehen. Ein Gründgens (80.000 Mark), ein Willi Forst (70.000 Mark), ein Willy Fritsch (50.000 Mark) sind dagegen arme Schlucker. Allein 1937 nimmt Albers die schier unvorstellbare Summe von 562.534 Mark ein. Er ist reich, er ist renitent – in den Chefetagen der Ufa häufen sich die Aktennotizen über seine Widerspenstigkeiten –, er ist ratlos.

»Was ich mir für eine neue Rolle wünsche, wollt ihr wissen? Es braucht durchaus nicht immer ein ›Sieger‹ oder ›Draufgänger‹ zu sein. Nein – mir genügt schon ein Mensch, der leben und kämpfen muß wie jeder andere auch. Blutvolle Kerle sollen es sein mit all ihren Sorgen und Freuden, die ich gestalten will, keine Marionetten, die sich irgendein Drehbuchschreiber hinter dem Schreibtisch ausheckt. Und Männer, die nicht Tod und Teufel fürchten, sondern unbeirrbar ihren Weg gehen, wenn sie auch manchen Nackenschlag einstecken müssen. Ich will in meinen Filmen das Echte, Natürliche und Ursprüngliche geben, so wie es ist, ohne etwas abzustreichen oder hinzuzutun. Und so wie es bisher war, soll es weiter bleiben. Ich glaube, daß ich damit auf dem rechten Wege bin und in derartigen Rollen meinen Freunden immer am meisten gefallen werde.«

Originalton Albers aus dem Januar 1938. Ein »blutvoller Kerl« ist er immer noch, aber der Druck auf ihn wächst. Er braucht den Erfolg buchstäblich zum Überleben. Er ist stolz darauf, daß er es sich leisten kann, bei seiner Schwester Mimi in Hamburg in aller Ruhe zu frühstücken, während zur gleichen Stunde der Minister in Berlin auf ihn wartet. Die Langmut des »Dr. Göbels«, wie er ihn in aller Öffentlichkeit tituliert, hat ihre Grenzen.

Zwei, drei Flops hintereinander – dann könnte man auch ihn verschwinden lassen. Nur seine Popularität schützt Albers. Und in den letzten Jahren hat er sich ein paar Filme geleistet – zuletzt »Fahrendes Volk« mit dem französischen Meisterregisseur Jacques Feyder –, die selbst seinen treuesten Anhängern nicht so richtig gefielen – Albers als entflohener Zuchthäusler, eine geradezu unsympathische Erscheinung. Das darf nicht mehr vorkommen.

18.
Duell ohne Sieger

»Keiner aus meinem Freundeskreis hat sich nach dem Wohlwollen der braunen Herren gedrängt, aber wenn ein Künstlerempfang angesetzt war, mußten wir hin.« Der arme Heinz Rühmann! Wie muß er sich gefühlt haben, als er da ständig von diesem merkwürdigen österreichischen Vegetarier eingeladen wurde. Aber man hat ja Manieren! Hans Albers hat nicht zu Rühmanns Freundeskreis gezählt, denn sonst wäre jenem zweifellos aufgefallen, daß sein gelegentlicher Filmpartner bei derartigen Anlässen grundsätzlich fehlte. Es gibt kein einziges Photo, das Albers mit irgendeiner NS-Größe zeigt.

Albers und Rühmann hatten schon 1931 »Bomben auf Monte Carlo« geworfen. Das kam an. Sechs Jahre später soll der Erfolg wiederholt werden. Eine helle Freude wird es nur für das Publikum.

Albers und Rühmann sind Gegenspieler auf fast allen Ebenen. Hier der unverschämte Kraftkerl, dort der listige Buchhalter. Der eine starrsinnig und waghalsig, der andere biegsam und immer auf der Hut. Weltenbummler gegen Kleinbürger.

Albers liebt die Improvisation. Wenn ihm Drehbuchtexte nicht gefallen, modelt er sie nach seinem Gusto um. Sein Gedächtnis ist eine Katastrophe. Man richtet sich danach. Er läßt sich seine Dialog-Sätze auf schwarze Tafeln schreiben. Wenn, wie so oft, sein leuchtender Blick in mythische Fernen schweift, immer leicht schräg nach oben, fällt er allemal auf einen »Neger«. Es ist ja nicht so, daß er seinen Text nicht lernt, im Gegenteil, er nimmt seinen Beruf sehr ernst, aber nach einer durchzechten Nacht kommt auch der liebe Gott mal ins Schleudern. »Ich bin der Neger-König«, sagt Albers.

Dem Rühmann muß das ein Graus sein. Er ist ein Pedant. Das ist seine Stärke. Er ist pünktlich. Das ist sein Charakter. Er ist humorlos. Das sind andere Komiker auch.

Der Film heißt »Der Mann, der Sherlock Holmes war« – eine Gaunerkomödie, ein Hochstapler-Stück, eine riskante Gratwanderung zwischen holdem Quatsch und hintersinniger Satire. Er lebt von der Konfrontation zweier urdeutscher Charaktere – Feuerkopf und Bie-

Mit Heinz Rühmann in »Der Mann, der Sherlock Holmes war«

dermann. Man spürt förmlich, wie die beiden Stars, die da in jeder Szene aufeinander angewiesen sind, sich nicht ausstehen können.

Es ist ein Duell ohne Sieger. 1954 geht es in die dritte und letzte Runde. Da heißt der Film »Auf der Reeperbahn nachts um halb eins«. Die beiden sind immer noch per Sie. Sie schenken sich nichts. Rühmann nennt Albers »meinen großen Kollegen«. Das klingt fast bösartig. Als Rühmann einmal steckenbleibt, empfiehlt ihm Albers mit großer Geste einen »Neger«. »Ist ja keiner mehr frei«, sagt Rühmann.

☆

Wer kann einen Typ wie Albers inszenieren? Seine Stärken sind Aktionismus und Witz. Die Starregisseure des Dritten Reichs bauen lieber an Monumenten germanischer Größe. Heroische Biographien (Veit Harlans »Der große König«, Wolfgang Liebeneiners »Bis-

marck«, Hans Steinhoffs »Robert Koch«, G. W. Papsts »Paracelsus«)
liegen ebenso im Trend wie pompöse Literaturverfilmungen (Harlans
»Reise nach Tilsit«, Steinhoffs »Geierwally«, Gustav Ucickys »Post-
meister«). Der Regiestil, mit dem man zu Professorentiteln kommt,
ist in aller Regel schwerfällig, langsam und von der historischen Be-
deutsamkeit der Sujets mitunter geradezu paralysiert.

Goebbels liebt das schwülstige Pathos des Ufa-Stils, aber er – der
ohne weiteres als geschickter Filmproduzent hätte Karriere machen
können – weiß auch, daß ihm, mit Ausnahme von Willi Forst, Helmut
Käutner, Arthur Maria Rabenalt und ein, zwei anderen, die Speziali-
sten für das leichte Genre fehlen. Als es darum geht, einen Regisseur
für den Jubiläumsfilm der Ufa zu finden, fällt seine Wahl auf den Ungarn Josef von Baky: Der darf den »Münchhausen« mit Albers machen.

Sogar ideologische Prinzipien opfert der Filmfanatiker Goebbels,
wenn es der Qualität dient: Erich Kästner, mit Schreibverbot belegt,
darf unter Pseudonym das »Münchhausen«-Drehbuch schreiben.
Und auch ein Axel Eggebrecht, linker Publizist und »Weltbühnen«-
Mitarbeiter vor 1933, findet als begehrter Drehbuchautor (vor allem
für Willi Forst) gutbezahlte Arbeit im NS-Film. Das totalitäre System
hat tote Winkel.

19.
Western für Deutschland

»Good bye, Jonny, good bye, Jonny,
schön war's mit uns zwei'n,
aber leider, aber leider kann's nicht immer so sein.
Good bye, Jonny, good bye, Jonny,
Mach's mir nicht so schwer!
Ich muß weiter, ich muß weiter, meinem Glück hinterher.
Bricht mir auch heut das Herz entzwei,
in hundert Jahren, Jonny, ist alles vorbei.«

1938 braucht Albers dringend einen neuen Regisseur. Er findet Herbert Selpin. Der ist gerade 36 Jahre alt, wie Albers einer, der das Leben nicht ernster nimmt, als es unbedingt sein muß. Herbert Selpin liebt amerikaniche Filme – die man bis 1940 in Deutschland noch sehen kann. Mit Albers, dem einzigen deutschen Star von Hollywood-Format, dreht er hintereinander fünf Filme. Herbert Selpin und Hans Albers erfinden den deutschen Western.

☆

Mit Mister Berry geht es aufwärts. Der kreuzbrave Streifenpolizist patrouilliert nächtens durch den Großstadtdschungel von Chikago. Er ist kein Held. Er will nur in Ruhe eine Zigarette rauchen, als ihm ein Gangsterkönig vor die Dienstpistole läuft. Und schon schickt man ihn – den Helden wider Willen – an die wilde mexikanische Grenze, wo sinistre Schmuggler ihr Unwesen treiben. Berry begreift nichts, macht aber mit traumwandlerischer Sicherheit alles richtig. Das Herz der stolzen Ramona erobert er ebenso wie eine Beförderung. Am Ende steht er, mit der Braut im Arm, auf dem Balkon und läßt sich vom Polizeichor ein Ständchen bringen. Seine Uniformjacke glänzt in frischem Ordensglanz. Doch ansonsten – die angereiste Mutter sieht's mit Grausen – trägt er nur noch eine Unterhose.
»Sergeant Berry« (1938), der erste der Albers-Selpin-Filme, ist ein Schelmenstück. Da wird nach Herzenslust geritten und geschossen,

»Sergeant Berry«

da verliert der norddeutsche Tom Mix zwar die Kleider und die Über-
sicht, aber nie seinen entwaffnenden Mutterwitz.
Auch in »Wasser für Canitoga« (1939) spielt Albers unter der Regie
von Selpin eine gebrochene, von Selbstironie geprägte, aber am Ende
eben doch unwiderstehliche Figur. Mit Schimpf und Schande haben

sie ihn aus Canitoga fortgejagt, den kanadischen Ingenieur Oliver Montstuart. Doch er kommt zurück, um den Saboteuren das Handwerk zu legen.

Man traut es ihm nicht zu. Als »Maharadschah von Whiskypur« bietet er zwar noch umjubeltes Entertainment in Lillys Saloon, aber der Biß ist weg. Kann er denn kein geregeltes Leben führen? »Jeden Tag besoffen – ist das kein geregeltes Leben?« Doch als es darauf ankommt, rettet er den Damm, wankt, vom Tode schon gezeichnet, in die Festhalle, wo ihm Tausende ergriffen das Ständchen »Good bye, Jonny« bringen.

»Ein Mann auf Abwegen« (1940) heißt der dritte Albers-Selpin-Film. So könnten auch die anderen heißen. Es ist kein Zufall, daß sie in exotischen Gegenden spielen, fern von der uniformierten Realität des Reiches. Im zeitgenössischen Berlin sind die tollkühnen Eskapaden des fröhlichen Raufbolds und Saufbruders unvorstellbar. Auf der Leinwand lebt Albers den Volksgenossen einen Hauch von Anarchie vor. Das wirkliche Leben wird immer bedrohlicher. Aber wenn »Trenck, der Pandur« (1940) reitet, durch den wilden Osten einer operettenhaft verklärten Historie, geht es nicht ums Heimatland, sondern um die kollektive Sehnsucht nach einer Dosis sorgloser Unordnung.

Als »Trenck, der Pandur« – »Wir saufen jeden Becher leer / Wir raufen uns um unsre Ehr« – am 21. August 1940 in Düsseldorf uraufgeführt wird, haben deutsche Truppen schon halb Europa besetzt. Goebbels fordert Unterhaltungsfilme (die ohnehin schon weit mehr als die Hälfte der Jahresproduktion ausmachen): »Die gute Laune ist ein Kriegsartikel. Unter Umständen kann sie nicht nur kriegswichtig, sondern auch kriegsentscheidend sein. Es ist deshalb nötig, ihr besondere Beachtung und Pflege angedeihen zu lassen ... Optimismus gehört nun einmal zur Kriegsführung ... Es ist deshalb notwendig, unser Volk in einer guten Stimmung zu erhalten und die moralische Widerstandskraft der breiten Massen zu stärken.«

Stärken ausgerechnet Albers-Filme diese »moralische Widerstandskraft«? Oder hat ihr Zauber nicht zuletzt auch mit dem ganz und gar ungehörigen Naturell des ewigen Abenteurers zu tun, der keinem Besäufnis und keinem noch so riskanten Flirt ausweicht? Ende der dreißiger Jahre hält das System solche Abweichungen noch aus, aber schon da schätzen Goebbels und Hitler – auch jener ein Freund bewegter Bilder – Albers weniger als die anderen Stars des Reiches. In

Hitlers privatem Filmarchiv auf dem Obersalzberg – gut bestückt mit Emil-Jannings-, Zarah-Leander- und Heinz-Rühmann-Titeln – finden sich nur zwei Albers-Filme: »Flüchtlinge« (1933) von Gustav Ucicky und »Der Mann, der Sherlock Holmes war«.

☆

Man läßt sie gewähren, Albers und Selpin. Sie mögen nicht beliebt sein – dafür präsentieren sie ihre robusten Frechheiten zu selbstbewußt –, doch man kann nicht auf dieses Team verzichten. Aber immer nur Wildwest – damit muß jetzt Schluß sein. Kann denn Albers nichts anderes spielen als Schürzenjäger und Herumtreiber?
Er kann. Er will sogar. Er ist begeistert: »Also Peters – Glauben Sie vielleicht, daß es genügt, sich für eine solche Rolle einen schwarzen Sauerkohl am Kinn wachsen zu lassen?... Ich habe mich immer um meine Filme gekümmert, vom ersten Werden an: Entwurf, Treatment, Drehbuch, Bauten, Besetzung, habe bei allem mitgearbeitet, zusammen mit Herbert Selpin, dem Regisseur, mit Zerlett-Olfenius, dem Autor... Für den Peters – 1856 geboren, 1891 Reichskommissar für Ostafrika, 1897 zur Dienstentlassung verurteilt: Sie sehen, ich habe mein Pensum gelernt! – mußte ich weiter ausholen. Ich habe den Stapel Bücher hier studiert, Milieustudien getrieben, zeitgenössische Berichte gelesen... Das muß historisch sein, wenn das Bild stimmen soll, das ich von diesem Menschen zeigen will.«
Es ist das Bild des häßlichen Deutschen, des rücksichtslosen Herrenmenschen. »Carl Peters« (1941), die Biographie des zwielichtigen Kolonial-Pioniers, wird zu Albers' moralischer und künstlerischer Niederlage. Mag sein, daß er sich ein afrikanisches Abenteuer vorgestellt hat, aber der Film, von Selpin mit auffälliger Lustlosigkeit inszeniert, ist durch und durch verlogen. Während vor einer schlecht gemalten Kilimandscharo-Kulisse der selbstlose Eroberer einen Negerstamm nach dem anderen für die Segnungen großdeutscher Kolonisation gewinnt, hintertreiben in Berlin ein jüdischer Geheimrat und charakterlose Sozialdemokraten im Reichstag das edle Werk. Folkloristische Darbietungen von schwarzen Tänzern wechseln ab mit papierenen patriotischen Sermonen.
Die Dreharbeiten werden – bei Albers-Filmen sonst nicht üblich – vom Propagandaministerium streng überwacht. Der Minister selbst, in der Hoffnung, den losen Vogel Albers endlich in die patriotische Pflicht genommen zu haben, erscheint am Drehort. Der Star ist ge-

rade nicht da, aber auch er, der Unpolitische, und sein Regisseur merken, worauf sie sich da eingelassen haben.

Schon während der Dreharbeiten kommt es zum Zerwürfnis zwischen Albers und Selpin. Die Sache wächst ihnen über den Kopf. Auch das Publikum bleibt weg. Der Groß-Film »Carl Peters« spielt nicht einmal seine Herstellungskosten wieder ein.

Ein Jahr später ist Herbert Selpin tot. Während der Arbeit an dem Film »Titanic« wird er von seinem eigenen Drehbuchautor Zerlett-Olfenius wegen einiger wütender Bemerkungen (»Ach du mit deinen Scheiß-Soldaten, du Scheißleutnant überhaupt mit deiner Scheißwehrmacht«) bei der Gestapo denunziert. Auch Goebbels gegenüber nimmt er nichts zurück. Der läßt ihn in seinem Vorzimmer verhaften. Am nächsten Morgen – es ist der 1. August 1942 – findet man Selpin erhängt in seiner Zelle. Ob er von einem Gestapo-Kommando erwürgt wurde oder, in einem Anfall von Panik, Selbstmord beging, ist nie restlos geklärt worden.

»Münchhausen«

20.
Die kaputte Zeit

»Die Zeit ist kaputt«, sagt der alte Edelmann auf dem Mond. Wie klingt ein solcher Satz am 5. März 1943 im Berliner Ufa-Palast am Zoo, einen Monat nach dem Ende der Schlacht um Stalingrad? »Münchhausen« ist der Film der Stunde. In der Zeit der verordneten Lügen klingen die phantastischen Fabeln des Barons wahrer denn je. Der Drehbuchautor Kästner nutzt die unverhoffte Gunst der Stunde, um Albers/Münchhausen einige überraschend subversive Sätze in den Mund zu legen. Seinem Gegenspieler Cagliostro, dem machtbesessenen Magier, hält er entgegen: »In einem werden wir zwei uns nie verstehen: in der Hauptsache! Sie wollen herrschen, ich will leben. Abenteuer, Krieg, fremde Länder und schöne Frauen – ich brauche das alles, Sie aber mißbrauchen es!«

Die Leichtigkeit, mit der Albers zu Lande, zu Wasser und in der Luft den Elementen trotzt, ist indessen nicht ohne eine gewisse Melancholie. Der Hasardeur auf der Kanonenkugel, der Herzensbrecher im Boudoir der russischen Katharina, der Retter der allerschönsten Haremsdame – er mit den blauesten Augen der Welt (zum ersten Mal in Farbe) kommt, hoppla, in die Jahre. Die »Münchhausen«-Dreharbeiten, die sich über neun Monate hinziehen, strapazieren nicht nur seine Knochen, sondern zunehmend auch seine Psyche. Der Spaßvogel, der noch in jedem Atelier die allerbeste Laune verbreitet hat, wirkt verschlossen, manchmal gar abwesend. Spätestens seit dem Tod von Selpin ist ihm klargeworden, daß sein Ritt auf dem Tiger bald enden wird.

Am 3. Mai 1943 lädt ihn die Gestapo zu einem Verhör. Er hat sich geweigert, seine Berliner Hotel-Suite für einen Staatsgast zu räumen. König Boris von Bulgarien – ein Potentat der Güteklasse B, höchstens – soll sein müdes Haupt gefälligst woanders betten. Hans Albers ist auch ein König.

Aus dem Vernehmungsprotokoll: »Das ganze Benehmen von Albers war derart großkotzig und auf seine mehr als joviale Art respektlos, daß meines Erachtens Folgendes daraus zu schließen ist: 1. Leute vom Schlage eines Albers sind scheinbar in den vergangenen Jahren von den direkt vorgesetzten Dienststellen zu großzügig beurteilt und auch behandelt worden . . .

2. Albers verdient unseres Erachtens eine wirksame Dusche, damit er sich auch als Staatsschauspieler unseres Reiches einmal bewußt wird, was Deutschland für ihn darstellt.« Für ein sehr viel harmloseres Vergehen wird der Pressechef der Ufa, Richard H. Düwell, 1944 hingerichtet.

Zu einer »wirksamen Dusche« für den widerspenstigen Star Albers mag sich Goebbels nicht entschließen. Noch braucht er ihn. Die Publikumslieblinge haben Narrenfreiheit. Sie nutzen sie weidlich aus. Gegen Ende des Krieges, als das Reich schon brennt, weigern sich – im Propagandaministerium wird es fassungslos notiert – hochbezahlte Schauspieler sogar, zu Dreharbeiten nach Prag zu reisen, wenn ihnen nicht ein Schlafwagenabteil der ersten Klasse garantiert wird.

☆

Unternehmen Gomorrha. Zehn Tage und zehn Nächte, 24. Juli bis 3. August 1943. Dreitausend alliierte Flugzeuge greifen Hamburg an. Über fünfzigtausend Tote, fast eine Million Obdachlose. Hans Erich Nossack, ein Augenzeuge, schreibt in seinem Buch »Der Untergang«: »Der Abgrund war ganz nah neben uns, ja, vielleicht unter uns, und wir schwebten nur durch irgendeine Gnade darüberhin.«

Inmitten dieses Infernos dreht der junge Regisseur Helmut Käutner mit Hans Albers, Ilse Werner und Hans Söhnker einen Film mit dem Arbeitstitel »Große Freiheit«. Die Bombennächte übersteht das Team im zum Luftschutzraum umfunktionierten Weinkeller des Hotels Atlantic. Jeder Drehtag kann der letzte sein. Dispositionen sind kaum noch möglich, da schon am nächsten Tag vorgesehene Drehorte nicht mehr existieren. Es ist eine Arbeit am Rande des Wahnsinns. Im Hafen, der weitgehend mit Tarnnetzen bedeckt ist, kann nur unter äußersten Schwierigkeiten gedreht werden. Käutner, der beste Regisseur jener Jahre, und Albers achten darauf, daß keine Hakenkreuzfahnen ins Bild kommen.

Albers ist verzweifelt. Er trinkt. Die Stadt stirbt. Es ist seine Stadt. Zum ersten Mal erlebt der Star, wie wenig sein Ruhm bedeutet. Er betäubt sich, zieht sich zurück.

Die lebensgefährlichen Dreharbeiten müssen nach Berlin verlegt

Mit Ilse Werner in »Große Freiheit Nr. 7«

werden. Aber auch dort wird die Ballade vom alternden Seemann, der sich in ein junges Mädchen verliebt und es unter Schmerzen an den feschen Nebenbuhler verliert, vom Bombenkrieg eingeholt. Die Odyssee der »Großen Freiheit« endet in Prag. Der Titel muß geändert werden. »Große Freiheit« – das klingt allzu verdächtig. Aber auch dem Film »Große Freiheit Nr. 7« ist keine Gunst beschieden. Er wird, nicht zuletzt auf Betreiben des Großadmirals Dönitz, am 12. Dezember 1944 verboten. Deutsche Seemännner trinken nicht, deutsche Seemänner schäkern nicht mit leichten Mädchen, deutsche Seemänner haben keine Alpträume! Nur in den besetzten Ländern wird der Film – Albers' schönster, eine wunderbare Studie von Schwermut und Sehnsucht – kurz gezeigt.

Die Geduld des Dr. Goebbels ist erschöpft. Als er bemerkt, daß Albers für »Große Freiheit Nr. 7« die phantastische Gage von 460.000 Mark bezogen hat – deren Höhe durch die ständigen Verzögerungen und Verlagerungen der Dreharbeiten zustande kam –, läßt er seine Gage auf 8000 Mark im Monat reduzieren. Und das im Januar 1945: Die Amerikaner stehen am Rhein, sowjetische Truppen marschieren durch Ostpreußen, und der Minister macht sich Gedanken über die Gewinnsucht der Ufa-Stars! Mehr noch: Am 4. April 1945 wird verfügt, daß alle bestehenden Verträge mit dem Schauspieler Albers aufzulösen sind. Da stehen die Russen schon vor Berlin.

Nicht einer gewissen absurden Komik entbehrt ein Briefwechsel zwischen Albers und der Berliner Polizei. Der Star ist beschuldigt worden, während der Dreharbeiten von »Große Freiheit Nr. 7« im Hamburger Freihafen Cognac auf dem schwarzen Markt erworben zu haben. Am 11. Dezember 1944 schreibt Albers dazu einen Brief aus Prag: »Ich lehne die Beschuldigung, den Cognac im Schwarzhandel gekauft zu haben, entschieden ab. Als Beweis führe ich die Tatsache, daß ich mit Scheck und nicht mit Bargeld bezahlt habe. Da ich schon im Frieden gewohnt war, für eine Flasche Cognac – französischen – 40 bis 50 RM zu bezahlen, war ich bei dem gegenständlichen Einkauf der Meinung, dies sei der übliche Preis, der jetzt im Kriege für einen guten französischen Marken-Cognac bezahlt wird, abgesehen davon, daß ich glaubte, ihn aus dem Privatbesitz eines Offiziers vom Propagandaministerium zu erwerben. Da ich den ganzen Krieg hindurch noch nie etwas schwarz gekauft habe, mangelt mir auch die Erfahrung in den üblichen festgesetzten Preisen, denn bisher hatte ich in meinem Weinkeller genügend Vorrat. Leider wurde ich aber in Berlin zweimal ausgebombt.«

Gedreht wird bis zum bitteren Ende. Anfang 1945 steht Hans Albers noch in Prag vor der Kamera. »Shiva und die Galgenblume« soll das – nie vollendete – Kriminalstück heißen. Wilhelm Frick, der Reichsprotektor für Böhmen und Mähren, läßt es sich nicht nehmen, die beiden Stars Hans Albers und Olga Tschechowa zu einem Abendessen auf den Hradschin zu befehlen. Die Atmosphäre ist eisig. Frick macht Bemerkungen über Schauspieler, die sich nicht von ihren jüdischen Frauen scheiden lassen. Albers, berichtet Olga Tschechowa, bleibt gelassen: »Herr Reichsprotektor, bei uns Schauspielern gibt es ein ungeschriebenes Gesetz: Über Abwesende lästern wir nicht... Lassen Sie mich bitte ins Hotel fahren.« Der Abend endet abrupt.

Auch die »Galgenblume« blüht nicht lange. Hans Steinhoff, der Regisseur, von »Hitlerjunge Quex« bis »Ohm Krüger« einer der treuesten Erfüllungsgehilfen des Propagandaministeriums, hat schlechte Nerven. Mit Albers kommt er überhaupt nicht zurecht. »Der Herr Minister wünscht das so«, sagt er, wenn seine Regieanweisungen auf wenig Gegenliebe stoßen. »Wünscht das der Herr Minister so?« fragt Albers nach jedem Take ironisch zurück. Steinhoff verbreitet Durchhalteparolen, aber als er einen Platz im letzten Flugzeug aus der belagerten Stadt erwischt, läßt er sein Team in Stich. Die Russen schießen das Flugzeug ab. »Das waren nicht die Russen«, sagt Hans Albers, »das war ich. So wahr ich der liebe Gott bin.«

21.
Der Fragebogen

Die schönste Frau der Welt trägt eine amerikanische Uniform. Sie sucht einen alten Freund. Sie ist nicht allein. In ihrer Begleitung befindet sich ein französischer Schauspieler. Die schönste Frau der Welt sitzt am Steuer eines Jeeps der US-Army und fährt durch Orte, die Tutzing und Starnberg heißen. Es ist der Sommer des Jahres 1945 – der erste Sommer des Friedens.

Marlene Dietrich und Jean Gabin – ein Traumpaar, wenn es denn je eines gegeben haben sollte – haben einen langen Weg hinter sich. Marlene ist mit Omar Bradleys Truppen im Winter 1944 durch die Ardennen gezogen, hat sich in Aachen Filzläuse geholt und tausendmal Lili Marleen gesungen. Jean Gabin, der größte Star des französischen Vorkriegsfilms, ist 1943 aus Hollywood zurückgekehrt und hat als ältester Panzerführer seines Regiments am Feldzug der Division Leclerc von Royan bis Berchtesgarden teilgenommen.

Hans Albers sitzt auf seinem Bootssteg am Starnberger See. In seinem Haus haben sich amerikanische Besatzer niedergelassen. Vorher waren die Franzosen da. Ansonsten geht es ihm nicht schlecht. Er hat die Bombennächte von Hamburg und Berlin überlebt – da ist er, berichten Zeugen, nicht mal in den Luftschutzkeller gegangen, sondern stand, eine Flasche Cognac in der Hand, vor dem Hotel Esplanade stoisch im Inferno –, er hat sich aus dem eingeschlossenen Prag nach Bayern durchgeschlagen. Seine Zeit wird wiederkommen, denkt er, denn seine Zeit ist immer.

Marlene Dietrich geht durch den verwilderten Garten. Sie kennt Hans Albers seit fast zwanzig Jahren. Bei dem Stummfilm »Eine Dubarry von heute« (1926) sind sich die beiden zum ersten Mal begegnet. Da standen sie noch unten in der Besetzungsliste: Hans Albers (Darius Kerbellan, ein Verführer), Marlene Dietrich (eine Kokotte). In der »Prinzessin Olala«, zwei Jahre und keine Karriere später, sind sie ein Ganovenpärchen. Auf einem Standphoto treffen sich ihre Blicke: ihrer erwartungsvoll, nicht ohne die Andeutung eines halben Versprechens, seiner siegesgewiß, nicht ohne Hoppla.

Mit Marlene Dietrich und Emil Jannings im »Blauen Engel«

Ob da was gewesen ist? Im Sommer 1945 werden sie auch über die Vergangenheit geredet haben, über jenen legendenumwobenen Sommer damals in Berlin, als der große Josef von Sternberg in die Stadt kam, um seine Lola Lola zu suchen. Hat ihn vielleicht doch Hans Albers, als der halbseidene Artist Mazeppa schon besetzt für den »Blauen Engel«, auf seine langbeinige Partnerin in der Georg-Kaiser-Revue »Zwei Krawatten« aufmerksam gemacht? Oder war es Pommer, der Produzent? Oder Jannings, der Star? Oder irgendwie doch Leni Riefenstahl? Behaupten tun es alle.

22.
Die Stunde der Opportunisten

Lieben sie ihn denn noch, die Leute? Hat seine Aura den Untergang überstanden? Albers will, nach über zwölf Jahren Pause, wieder Theater spielen. Im schönen Haus am schönen See – das die Amerikaner kurz nach Marlenes überraschender Visite räumen – hält er es nicht lange aus. Am Berliner Hebbel-Theater hat am 25. April 1946 ein Stück Premiere, das im Dritten Reich verboten war – sein Stück. Liliom. Und es sieht so aus, als würde die alte Magie noch funktionieren. Der junge Friedrich Luft läuft, Albers vor Augen, zu Hochform auf:

»Er griff ins Publikum. Und mit dem ersten Griff hatte er uns. Jubel, Trubel auf der ganzen Linie... Wenn er seinem herrlichen, gottvergessenen Mundwerk freien Lauf läßt und ihm die Zunge unter der Nase durchgeht, jauchzt das genießende Parkett... Ich habe mich – gebe ich offen zu – amüsiert wie Bolle, um im Jargon zu bleiben. Ich habe gelacht. Und ein paar Mal, auch das gebe ich zu, drang mir die Feuchtigkeit unter die Brille. Das ist blankes Theater.«

Die Leute sehen das ähnlich. Auf ihren Hanne lassen sie nichts kommen. Ist er denn nicht der leibhaftige Beweis dafür, daß das Leben weitergeht? War er nicht schon immer da, wird er nicht für immer bleiben? Und irgendwie sieht man dem Kerl da oben auf der Bühne partout nicht an, daß er jetzt stramm auf die sechzig zugeht. Manche Luise würde sich wohl bedenkenlos auf die Schaukel bitten lassen, vom ewigen Aufreißer im weiß-rot gestreiften Sweater.

Albers kennt seine Wirkung. Er setzt sie ein, nicht nur auf der Bühne. Er ist nicht kleinlich mit seiner Unwiderstehlichkeit. »Das Treusein/ So sprach er/ Ich kann es/ Versuchen/ Doch er war's nie...«

1946 taucht zum zweiten Mal nach dem Krieg eine Frau in Uniform überraschend bei Hans Albers auf. Die Uniform ist britisch, die Freude riesig, wenn auch nicht gänzlich ungetrübt. Hansi Burg, aus dem Londoner Exil ohne Vorankündigung zurückgekehrt, beansprucht ihren Stammplatz. Auf dem indessen sitzt – acht Jahre sind eine lange Zeit – eine lebensfrohe Miedermacherin, die sich während des Krieges um ihren Hans gekümmert hat und jetzt das Haus am Starnberger See neu einrichtet. Auch sie – Mathilde – hat ihre Rechte und Ansprüche.

Soll sich ein lieber Gott in den unvermeidlichen irdischen Hader einmischen? Robert Siodmak erlebte die Situation im Hause Albers so: »Er lebte mit einer anderen Frau zusammen. Hansi war erstarrt, aber Albers sagte nur: ›Schmeiß sie raus, wenn du es fertigbringst.‹ Natürlich flog die andere.«

☆

Das Leben geht weiter, das Kino geht weiter. Aber darf man den Deutschen überhaupt gestatten, so schnell wieder eigene Bilder und Töne herzustellen? Die Amerikaner tun sich schwer mit dieser Frage. Sie schicken Experten. Die kennen sich aus. Die meisten amerikanischen Filmoffiziere sind deutsche Emigranten: Erich (jetzt: Eric) Pommer ebenso wie Colonel Billy Wilder oder der junge Schauspieler Peter van Eyck, der gerade noch in Hollywood die bösen deutschen Offiziere gespielt hat und jetzt zum ersten Mal in seinem Leben leibhaftigen Nazis gegenübersteht, die natürlich allesamt keine gewesen sein wollen.

Die Amerikaner sichten, sortieren, entnazifizieren, reorganisieren. Die zerstörten Studios der Ufa in Berlin und der Bavaria in München werden notdürftig wieder hergerichtet.

Die Russen sind schneller. Mit sowjetischer Lizenz dreht der junge Regisseur Wolfgang Staudte den ersten deutschen Nachkriegsfilm. Er heißt »Die Mörder sind unter uns« und wird schon am 15. Oktober 1946 uraufgeführt. Die weibliche Hauptrolle spielt Hildegard Knef.

Ein neues Genre ist geboren: der Trümmerfilm. Heimkehrer-Schicksale, Schwarzmarkt-Melodramen, Schuld- und Sühne-Geschichten kommen auf die Leinwand. Aber anders als bei den italienischen Neorealisten geht es bei ihren deutschen Kollegen meistens weniger um die politische Analyse als um die individuelle Verstrickung. Trümmerkino ist oft auch Schicksalskino. Filme heißen: »Zwischen gestern und morgen«, »Menschen in Gottes Hand«, »Wege im Zwielicht«, »Das verlorene Gesicht«, »Morgen ist alles besser«. Diffuse deutsche Dämonen hausen in den Trümmern, und wenigen Meisterwerken – von Staudte, Käutner, dem heimgekehrten und dann gleich zurück nach Hollywood fliehenden Peter Lorre – stehen tränenreiche Beschwörungen einer nie recht greifbaren Schuld gegenüber.

87

Es ist, nicht zuletzt, die Stunde der Opportunisten. Der Professor Wolfgang Liebeneiner, eben noch zusammen mit Veit Harlan der Lieblingsregisseur von Goebbels, noch im Juni 1944 höchstselbst im Propagandaministerium vorstellig, um eine Angleichung seiner Regiegagen an die von Harlan zu erbetteln, verkitscht jetzt Wolfgang Borcherts Heimkehrer-Stück »Draußen vor der Tür« zu einer schwülstigen Schicksalsmelodie im Ufa-Stil der späten Dreißiger.

1950 zieht der Schriftsteller Wolfdietrich Schnurre eine erste Katastrophenbilanz der frühen Jahre des Nachkriegsfilms: »Sie drehen primitivstes Mittelmaß: Sie bedienen sich antiquierter Ausdrucksmittel ... Sie münzen die Misere unserer Zeit in kläglichste Aufbaupathetik um. Sie übernehmen die Nazifilmschablonen, als habe sich inzwischen nicht das geringste geändert. Sie kapseln sich ab gegen das Ausland. Kurz: sie tun, als bestünde das deutsche Filmpublikum aus Backfischen, Primanern und Dienstmädchen.«

Am Abend, am See, unweit der Stelle, wo Ludwig der Zweite ins Wasser gehen mußte, werden sie auf den Frieden getrunken haben, auf die Zukunft, auf ein anderes Land nach der Zeit der Trümmer. Viel später wird Marlene bei einer Deutschland-Tournee ein Albers-Lied singen, wird Albers sie gegen die idiotischen Anfeindungen der rechten Presse verteidigen.

☆

Der Fragebogen. Military Government of Germany: »Auslassungen sowie falsche und unvollständige Angaben stellen Vergehen gegen die Verordnungen der Militärregierung dar und werden dementsprechend geahndet.« Die Sieger sortieren. Die Besiegten haben mehr Fragen zu beantworten, als vielen von ihnen lieb sein kann. Das Wort Persilschein kommt in Mode. Die Vergangenheit ist vergangen, die Erinnerung ist schwach.

Der Mann mit der Reisepaß-Nummer II/2008/42 wiegt 83 Kilo und mißt 176 Zentimeter. Aus der evangelischen Kirche ist er schon lange ausgetreten (Grund: »steuerliche Belastung« – welch schöne Offenheit), weder war er Lehrer an einer NS-Führerschule noch Mitglied der Staatsakademie für Rassen- und Gesundheitspflege oder des Volksbunds für das Deutschtum im Ausland. Keine Organisation hat ihn je zu einem Schweigegebot verpflichtet (Frage 99), er ist niemals »aus rassischen oder religiösen Gründen oder weil Sie aktiv oder passiv den Nationalsozialisten Widerstand leisteten, in Haft genommen... worden« (Frage 115). Es scheint fast so, als sei er, der liebe Gott von Ufa-Land, zwölf Jahre lang unberührt geblieben.

Ein Held ist er nicht gewesen, aber er hat Abstand gehalten. Die Sucht, geliebt zu werden, die Besessenheit, ein Star zu bleiben, der unstillbare Hunger nach Applaus und Anerkennung – Narziß verläßt die Bühne nicht, auch wenn das Theater ein Management aus lauter Verbrechern und Verrückten hat. Der Star versucht sein eigenes Spiel zu spielen. Manchmal spürt er im Spiegel hinter sich die Macht, die an ihm zieht.

1949 kündigt Erich Pommer – auch er, der Produzent des »Blauen Engels« und der »Bomben auf Monte Carlo«, in amerikanischer Uniform heimgekehrt, um den deutschen Film wieder aufzubauen – ein Projekt mit Hans Albers an: »Des Teufels General«, Carl Zuckmayers Stück vom Absturz des furchtlosen Fliegers. Die Sache zerschlägt sich, leider. Albers hätte die Rolle seines Lebens gespielt. Als Helmut Käutner den Film endlich macht, 1954, ist Albers zu alt, ist Curd Jürgens der Star der Stunde. Aber selbst da noch will Albers den Fliegergeneral Harras spielen, interveniert vergeblich bei seinem Freund Zuckmayer.

23.
Der Wind von allen Seiten

»Es weht der Wind von Norden
Er weht uns hin und her
Was ist aus uns geworden?
Ein Häufchen Sand am Meer...
Der Wind weht von allen Seiten
Na, laßt den Wind doch wehen –
Denn über uns der Himmel
Läßt uns nicht untergehen.«

1947 – da wird in der sowjetischen Zone schon heftig gedreht, da haben auch die Engländer und Franzosen schon die ersten Projekte lizensiert – wissen die Strategen der Information Control Division (ICD) des Office of Military Government for Germany/United States (OMGUS) endlich, was sie wollen, wen sie wollen: Hans Albers. Der ist nicht belastet, der ist ein Star, der wird die Leute ins Kino bringen. Von den 246 Berliner Filmtheatern sind schon Ende 1945 170 wieder in Betrieb. Und Erich Pommer spürt die Gefahr: Wenn nicht bald wieder eine populäre deutsche Produktion auf die Beine kommt, wird Hollywood den deutschen Markt ganz für sich alleine haben – und nie wieder hergeben wollen. Für die Heimkehrer ist es keine Frage, daß sie dem deutschen Film helfen wollen. Auch für sie bedeutet er die Zukunft.

Hans Albers ziert sich. Einen Vater mit einem erwachsenen Sohn soll er spielen in dem ersten von den Amerikanern lizensierten Film »Und über uns der Himmel« – die Geschichte eines Kriegsheimkehrers mit dem urdeutschen Namen Hans Richter, der auf die lukrative schiefe Schwarzmarkt-Bahn gerät und erst von seinem im Krieg erblindeten Sohn auf den rechten Weg zurückgeführt wird. Ist das wirklich eine Rolle für ihn? Ist er tatsächlich schon so alt? Wird ihm sein Publikum die Schieber-Rolle abnehmen, am Ende gar verzeihen?

Aber der Regisseur ist immerhin Josef von Baky, mit dem er den »Münchhausen« gemacht hat – einer der vielen brillanten Ungarn im

Albers in seiner Suite im Hamburger Atlantic-Hotel

deutschen Film –, und lange will er die Leute nicht mehr warten lassen auf das Kino-Comeback ihres unversehrten Lieblingshelden. Als man ihm angetragen hat, die Stimme von Clark Gable deutsch zu synchronisieren, da hat er nur sein Albers-Lachen für diesen Vorschlag übrig gehabt. Das macht er nur, wenn Clark Gable drüben in Kalifornien die Hans-Albers-Filme englisch spricht.

Also wieder Berlin. Der Film ist nicht schlecht, das Titellied mit der Musik von Theo Mackeben geradezu wunderbar, und Albers findet für seinen Part eine überzeugende Mischung aus sehr zarten und nahezu brutalen Tönen: als protzsüchtiger Lebemann wie als verlorener Idealist. Daß er längst nicht mehr dieser ungebrochene Sieger-Typ ist, daß er melancholische Momente des Alterns darzustellen versteht, hat er schon 1944 in Käutners »Große Freiheit Nr. 7« bewiesen. Aber da war er noch ein gestrandeter Seefahrer mit allerlei wüsten Leidenschaften und dazu der eifersüchtigen Hilde Hildebrand am Hals, da hat man ihm noch nicht einen versehrten Sprößling zugemutet, der dann sogar das offenbar unvermeidliche Happy-End herbeiführt.

Am 9. Dezember 1947 wird »Und über uns der Himmel« in Berlin uraufgeführt. Die Kritiken sind respektvoll, die Schlangen an der Kasse aber deutlich kürzer als bei Albers-Filmen üblich. Der Star ist enttäuscht. In einem Interview mit der »Welt« sagt er im September 1948: »Man sollte in Deutschland verhindern, daß noch mehr große Künstler für immer ins Ausland gehen, als die Nationalsozialisten schon aus Deutschland hinausgeekelt haben. Wir müssen unsere Schauspieler besser behandeln, auch von seiten der Presse. Ich wünsche mir, daß die Presse uns Schauspieler als Kollegen von der anderen Fakultät betrachtet... Der Nachwuchs ist spärlich. Es fehlt an guten Manuskripten. Genau wie die Städte und Häuser müssen Theater und Film neu aufgebaut oder wieder gestützt werden.

Zeitfilme lehne ich ab. Unsere Zeit ist viel zu schrecklich; erst in fünfzehn Jahren sollte man so etwas machen. Im Ausland ist ihre Wirkung anders: ich habe der Premiere meines letzten Films ›Und über uns der Himmel‹ in der Schweiz beigewohnt. Das war eine Sensation, weil die Menschen dort die Trümmer als Kuriosität nehmen. Im eigenen Land brauchen wir Filme, die Freude bereiten.«

»Erst in fünfzehn Jahren sollte man so etwas machen«, sagt Hans Albers. In fünfzehn Jahren wird er tot sein. In fünfzehn Jahren wird Jean-Marie Straub »Nicht versöhnt« drehen.

24.
Neue Heimat

Der 7. September 1950 ist ein ganz besonderer Tag in der Geschichte des deutschen Nachkriegsfilms. Nur merkt das zunächst keiner. In Stuttgart findet eine Filmpremiere statt. Höchstens in der schwäbischen Kino-Provinz kann man sich trauen, das schlichte Werk unters Volk zu bringen: eine uralte Operette aus dem Ersten Weltkrieg, mit einer Besetzung, die in Fachkreisen blankes Entsetzen auslöst: der Darsteller des Liebhabers zu alt, zu steif, zu unerotisch, seine Partnerin zu unbekannt, schon in ein paar Flops nicht angekommen. Die Kritiker sind auch entsetzt.

Das »Schwarzwaldmädel« mit Rudolf Prack und Sonja Ziemann zieht 16 Millionen Deutsche ins Kino. Endlich haben sie, wovon sie nie zu träumen wagten: den Heimatfilm. Unberührte Landschaften. Farbenprächtige Kostüme (dank Agfacolor). Keine Ruine verstellt den Blick auf die keusche Sonja, die nicht nur den Mann ihres Herzens, sondern auch – in der Tombola – ein funkelnagelneues Auto gewinnt. Alles wird gut. »Jeder Backfisch – ein Prackfisch« ist der Schlachtruf der Stunde, und als die gleiche Truppe (Regie: Hans Deppe, Drehbuch: Bobby E. Lüthge, Motto: »Ich will zu Lebzeiten gut essen«) ein Jahr später noch eins drauf setzt und die Heide grün sein läßt, gibt es kein Halten mehr. Der Film und die Heimat verschmelzen zu einer deutschen Einheit. Brunnen rauschen vor dem Tore, gutherzige Flüchtlinge aus dem roten Osten bringen alte Volkslieder zu Gehör, Förster förstern im dunklen Tann. Kein schöner Land zu dieser Zeit...

☆

Hans Albers hat Pech. Hans Albers macht Fehler. Hans Albers geht nicht mit der Zeit. Drei Jahre hat er jetzt seine Anhänger auf einen neuen Film warten lassen. Im November 1948 überlebt er – auf einer »Liliom«-Tournee quer durch Trizonesien – zwischen Uelzen und Celle im tiefsten Niedersachsen nur knapp einen schweren Autounfall. Das erschüttert ihn wenig. Der liebe Gott Albers hat viele Leben. 1949 wagt er sich in den Münchner Kammerspielen an Mack the

Knife. Das geht gut. Aber er denkt nicht daran, sein eigenes Leben in eine »Dreigroschenoper« zu verwandeln. Er ist populär. Er ist teuer. Die »Mummelchen« müssen her, mit denen die »Hummerli« und die »Austerli« finanziert werden. Er ist 59 Jahre alt. Für den nächsten Film bekommt er – 1950 – immerhin noch eine Gage von 75.000 Mark plus Gewinnbeteiligung.

Oktober 1950. Ein Monat der Verluste. Gleich zwei Albers-Filme haben Premiere, »Föhn« am 11. in Essen, »Vom Teufel gejagt« am 24. in Köln. Beide könnten heißen: Arzt am Scheideweg. In »Föhn« hat sich Doktor Albers in einem abgelegenen Alpendorf verkrochen. Der Berg ruft ihn schon lange nicht mehr, immerhin hat er – Schicksal – seine geliebte Frau vor vielen Jahren verschlungen. Doch als Lilo Pulver und Adrian Hoven – das junge Paar – in Bergnot geraten, rafft sich der müde Mediziner noch einmal auf, stürmt zum letzten Mal – als Retter in höchster Not – den gefährlichsten aller Gipfel und bringt sich dabei selber zu Tode.

Rolf Hansen, Zarah-Leander-Spezialist der alten Ufa, inszeniert das mit viel Pathos und Kunstschnee. Eines Tages kommt Leni Riefenstahl ins Atelier und will zuschauen, wie das Remake ihres alten Films »Die weiße Hölle vom Piz Palü« gedreht wird. Albers sieht sie und legt die Arbeit nieder: »Es stinkt hier nach Nazi. Solange diese Person hier ist, drehe ich nicht weiter.« Das wäre so schlecht vielleicht nicht mal gewesen. Denn mit »Föhn« tut sich Albers keinen Gefallen. Als von Tragik verhangenen Berg-Menschen will ihn sein Volk nicht sehen.

Noch verwunderter sind die Leute über »Vom Teufel gejagt« (Regie: Viktor Tourjansky). Da trägt Dr. Albers, Neurologe und Klinikchef, eine schwere Hornbrille und eine ebensolche Bürde: Tagsüber versorgt er die dankbaren Geisteskranken, nachts experimentiert er mit einer geheimnisvollen Droge, die – man kennt das ja – den guten Dr. Jekyll in den mörderischen Mister Hyde transformiert. Das überlebt er nicht, der arme Mann. Und das Publikum bleibt in Scharen zu Hause.

Erst ein Jahr später bekommt es den Arzt, nach dem es sich sehnt: den noblen »Dr. Holl« des Dieter Borsche, einen ganz und gar gütigen, nahezu heiligen Mediziner, der zugunsten der todkranken Maria Schell – »Niemand weint so schön und schnell/ Wie im Film Maria Schell« – sein Glück mit Heidemarie Hatheyer aufs Spiel setzt, entsagungsvoll auch noch ein Serum entwickelt und ganz nebenbei die Arztfilm-Welle initiiert.

25.
Herbst der Patriarchen

Der Kanzler ist empört. »Finden Sie es denn richtig«, fragt er einen Pressereferenten, »daß man auf offener Bühne den Beischlaf darstellt?« Der Kanzler ist ein Freund der schönen Künste – gern hört er Schubert, liest er Eichendorff –, aber irgendwie muß die Kirche im Dorf bleiben. So stört es ihn überhaupt nicht, wenn militante katholische Gruppen Stinkbomben in die Kinos werfen, die 1951 den Willi-Forst-Film »Die Sünderin« mit Hildegard Knef zeigen. Da darf man nicht pingelig sein, da geht es, sagt sein Freund Kardinal Frings, um »eine Zersetzung der sittlichen Begriffe unseres christlichen Volkes«.

Der Spaß hat seine Grenzen. Schon in seiner Zeit als Kölner Oberbürgermeister hat Konrad Adenauer 1925 das Anti-Kriegs-Bild »Der Schützengraben« von Otto Dix aus dem Wallraf-Richartz-Museum entfernen lassen. Und bei der Kölner Aufführung von Brechts »Dreigroschenoper«, berichtet der Adenauer-Biograph Peter Koch, strich er eigenhändig im Textbuch herum. Er weiß, was er den Menschen zumuten darf.

Die Restauration geht um in der jungen Republik. Der greise Kanzler in Bonn, machtbewußt bis jenseits der demokratischen Schmerzgrenze, reißt 1951 das neugeschaffene Außenministerium an sich und stellt den Antrag auf das Verbot der kommunistischen Partei. In Korea ist Krieg, das Feindbild ist wieder in Ordnung. Verdrängen, vergessen, Wohlstand schaffen heißt die Parole. Der Alte, auch dank seines kargen Wortschatzes ein genialer Demagoge, präsentiert sich als stabile Leitfigur.

Das Kino – will es denn erfolgreich sein und bleiben – spiegelt den engen Geist der Zeit. So kommen die sauberen Forst- und Medizin-Männer ins Spiel. Und halten sich.

Die Stars haben neue Gesichter. Zu Sonja Ziemann und Maria Schell gesellen sich bald Ruth Leuwerik, Liselotte Pulver, Marianne Koch. Und ein junges Mädchen, dem es am Ende der fünfziger gar zu gemütlich wird in der Republik, das sich zum allseitigen Schrecken in die

»Blaubart«

Arme eines welschen Lovers und kurz darauf in eine Weltkarriere stürzt – Romy Schneider. Bei den Herren setzt sich bald ein österreichischer Katzenfreund und Weltklasse-Nuschler an die Spitze: O.W. Fischer.

☆

Den Adenauer kann er nicht leiden. Aber er studiert ihn. Immerhin ist der Kanzler – geboren am 5. Januar 1876 – fünfzehn Jahre älter als der dienstälteste Filmstar der Republik. Hans Albers, der von seiner Unsterblichkeit überzeugt ist, hält das für eine Mischung aus Provokation und Hoffnung. Im Herbst der Patriarchen träumt Münchhausen von einem Duell mit dem Sultan. Als ihn 1955 ein Journalist auf seine

96

Zukunft anspricht, sagt er: »64 ist ja schließlich kein Alter, wenn man an Adenauer denkt.« Auch als Rosenzüchter fühlt er sich dem Rhöndorfer Rivalen überlegen. Über hundert Sorten sollen in seinem Garten in Garatshausen am Starnberger See blühen, berichten Besucher.

Er denkt nicht daran, abzutreten. Auch darin gleicht er Adenauer. Fast alle großen Stars des Dritten Reichs haben sich in den Nachkriegsjahren nicht halten können. Selbst eine Zarah Leander verliert einen großen Teil ihres Publikums. Nur Marika Rökk bleibt oben. Und Heinz Rühmann – der kleine Mann in Krieg und Frieden – kommt wieder. Unter Käutner spielt er den »Hauptmann von Köpenick« (eine Rolle, um die sich auch Albers bemüht hatte) und überrundet seinen alten Rivalen mühelos.

»Ich bin doch verdammt einsam geworden«, sagt Albers 1953 in einem Interview. Vom deutschen Film spricht er als dem »Kadaver, den wir doch wieder auf die Beine bringen müssen«. Die Frage ist, ob der »Kadaver« das auch so sieht, erfreut er sich doch allerbester Gesundheit. Bleibt da noch Platz für den alten Haudegen?

Der schmiedet unverdrossen Pläne. Den »Kean« von Alexandre Dumas, das hochmelodramatische Schauspieler-Stück, will er auf die Bühne bringen. Den Störtebeker will er im Kino spielen. Ein Robinson-Film ist in Planung. Der Till Eulenspiegel wäre eine ideale Rolle für ihn. Mal steht in der Zeitung, Josef von Sternberg plane einen Goethe-Film mit Albers (der stolz ist auf sein olympisches Profil), mal ist von einem Projekt mit Marlene Dietrich die Rede.

Nichts davon wird Wirklichkeit. Nach dem kommerziellen Doppel-Desaster mit »Föhn« und »Vom Teufel gejagt« heißt es bei den Produzenten und den immer mächtiger werdenden Verleihen (deren Garantien die Filme weitgehend finanzieren) allmählich schon, Albers sei Kassengift. Er geht nach Paris und dreht dort, mit Cécile Aubry und seinem alten Boxpartner Fritz Kortner, einen märchenhaften »Blaubart«-Film unter der Regie von Christian-Jaque (»Fanfan, der Husar«). In Frankreich war sein Münchhausen populär. In Frankreich lieben sie ihn auch dafür, daß er während des Krieges nie eine der beliebten Propagandatouren durch das besetzte Feindesland gemacht hat.

Er fühlt sich wohl in Paris. Der Film »Blaubart« kommt im November 1951 nach Deutschland. Wieder kein großer Erfolg.

Mit Hildegard Knef in »Nachts auf den Straßen«

26.
Nahkampf

Einer glaubt noch an Albers: keiner der alerten Verleihstrategen des Nachkriegskinos, sondern der alte Erich Pommer. Albers, denkt er, muß wieder eine Albers-Rolle spielen. Er gibt ihm den begabten Rudolf Jugert (der bei Käutner gelernt hat) als Regisseur und die einzige erotische Erscheinung im Kino der frühen Adenauer-Jahre als Partnerin: Hildegard Knef, seit dem Skandal um »Die Sünderin« die Inkarnation aller verbotenen Phantasien.

Hans Albers und Hildegard Knef, »Nachts auf den Straßen«: er der Fernfahrer mit Fernblick, sie die blonde Versuchung am Wegesrand. Sie wirft ihn aus der Bahn, na klar, aber hat er nicht damals schon den schönsten der schönen Ufa-Ladies, Brigitte Horney und Ilse Werner, im Nahkampf standgehalten? Sieht er nicht fabelhaft aus, in der schwarzen Lederjacke wie im Nadelstreif? Endlich knistert es mal wieder in einem Albers-Film.

Der Mann auf Abwegen meldet sich zurück, auch wenn die Moral am Ende die der Adenauer-Republik sein muß. Die Sirene im taillierten Trench bleibt auf der Strecke, unser Mann Hanne kehrt in die welken Arme seiner verständnisvollen Gattin zurück. Aber als Fernfahrer Heinrich Schlüter, dem Abenteuer nicht abgeneigt, erobert Albers sein Publikum zurück.

Hildegard Knef, schon auf dem Weg nach Hollywood, bittet ihren berühmten Partner um Hilfe. Sie hat einen Vertrag mit der Fox unterschrieben, den sie nur erfüllen kann, wenn »Nachts auf den Straßen« sehr viel schneller zu Ende gedreht wird als bei einem Starfilm mit Hans Albers üblich. Er erzählt ihr eine Geschichte: »»Weißte, da war mal ein Schauspieler, mit dem hab' ich angefangen auf der Bühne in der Provinz – da warste noch nich mal ein Zwinkern in Vaters Auge –, und der Schauspieler, der war besser als ich. Aber den haben se nich in der Wiege geküßt, und deshalb bin ich 'n Star geworden und der nich.‹ Er leerte sein Glas, stocherte mit der Nagelschere in einer Zigarre. ›Du hast es vor dir, ich hab's bald hinter mir.‹«
Die Knef kommt rechtzeitig nach Hollywood.

Der liebe Gott spürt die Zeit im Nacken. Der letzte Volksschauspieler sei er, liest Hans Albers über sich in den Zeitungen. Das Prädikat gefällt ihm, aber es reicht ihm nicht. Mit dem Film »Jonny rettet Nebrador« (wieder unter der Regie des guten Jugert) verabschiedet er sich von Albers, dem unrasierten Abenteurer, dem tollkühnen Teufelskerl.

Jonny, der Tramp, der da in irgendeiner operettenhaften südlichen Bananenrepublik an Land gespült wird und der Revolution die Karten mischt, hat noch einmal den anarchischen Charme der Figuren, die Albers Ende der dreißiger Jahre gespielt hat: in »Wasser für Canitoga« und »Sergeant Berry«. Mit dem blauen Blick für das Wesentliche (die Beine von Margot Hielscher) und mit lakonischen Weisheiten aus der Gegend von Surabaya (»Man schießt nicht auf einen General in der Schonzeit«) hält er sich prächtig. Aber Albers, ein Freund der Masken und der Doppelspiele, stellt nicht nur den ewigen Vagabunden dar, sondern auch dessen Widersacher, den steifen, intriganten General, den am Ende der Lächerlichkeit preisgegebenen Macht-Popanz.

Das Endspiel hat begonnen.

Jetzt traut er sich an die »ganz dicken Ottos«. Jetzt sucht er den direkten Vergleich mit dem bewunderten Emil Jannings. Es wird ein langer Abschied.

27.
Lauter letzte Männer

»Der letzte Mann«: vom Chef-Portier zum Toiletten-Wärter. Die Geschichte eines Abstiegs. Das war einmal, 1924, einer der berühmtesten deutschen Stummfilme. Jannings spielte den »Letzten Mann«, F.W. Murnau führte Regie. Jetzt ist Albers dran. Der Film ist hübsch und harmlos und hat mit dem Original kaum mehr als den Titel gemeinsam. Die halbzarte Vollwaise, die das große Hotel jetzt ganz alleine führen muß, spielt – mit herzerweichendem Backfisch-Charme – Romy Schneider. Der jugendliche Joachim Fuchsberger (damals, vor Edgar Wallace, wahrhaft noch ein »Blacky«: schmallippig, mit schwarzem Haar und schwarzer Seele) will ihr ans Vermögen und die Figur.

Das sieht man gerne, das vergißt man schnell. Aber da ist dieser starrsinnige alte Mann, der fassungslos die eigene Katastrophe beobachtet: den freien Fall ins Nichts. Da sitzt er, ganz unten, in seinem Waschraum und sinniert vor sich hin: »Alles geht weiter, als ob man niemals dagewesen wäre.« Spricht so nicht der Star, der das Ende nahen fühlt? Dieser Film, wie auch der nächste, sieht aus wie ein Stück nur halb fiktionalisierter Autobiographie. Man spürt bei Albers einen sehr direkten Schmerz. Aber 1955 gönnt man ihm noch ein glückliches Ende. Der letzte Mann wird Generaldirektor.

»Ich bin überflüssig geworden. Tritt ab, alter Mann. Du paßt nicht mehr in diese Zeit. Aber mich ihr anzupassen ist mir zu dumm.« Der alte Mann sitzt am Fenster eines abgedunkelten Hotelzimmers in einer fremden Stadt. Er diktiert seine Abschiedsbriefe. Die anonyme Sekretärin nimmt das nicht hin. Sie mischt sich ein. So entsteht eine unmögliche Liebe.

Hans Albers als Geheimrat Clausen und Annemarie Düringer als das Mädchen Inken in Gottfried Reinhardts Film »Vor Sonnenuntergang«. Es geht schwer und herbstlich zu in dieser Gerhart-Hauptmann-Verfilmung. Lange Schatten lasten auf überladenen Interieurs. Martin Held ist der böse Schwiegersohn. Veit Harlan hat das Stück schon einmal verfilmt, 1936, unter dem Titel »Der Herrscher«, mit

Mit Romy Schneider in »Der letzte Mann«

Jannings. Albers ist kein Herrscher, sondern ein manchmal ganz kindischer, entrückter, dann wieder ohnmächtig gegen den Zerfall seines Reiches anrennender King Lear. Er hat Würde wie Wahnsinn, er ist weit weg und kommt dem Betrachter sehr nahe.

Bei den Berliner Filmfestspielen jubeln ihm die Leute zu wie in seinen allerbesten Zeiten. Der »Goldene Bär« des Publikums (das damals noch befragt wurde) ist sein gerechter Lohn. Aber die offizielle Jury übersieht die große Leistung. Auch der Bundesfilmpreis, den er sich

Mit Annemarie Düringer in »Vor Sonnenuntergang«

so ersehnt hat, die offizielle Anerkennung, bleibt, wie schon beim »Letzten Mann«, wiederum aus. Die silbernen Filmbänder als beste Hauptdarsteller bekommen 1955 O. W. Fischer (»Ludwig II.«), 1956 Wolfgang Preiss (»Der 20. Juli«), 1957 Heinz Rühmann (»Der Hauptmann von Köpenick«).

Was Albers sonst noch spielt in diesen Jahren, ist wenig bemerkenswert. »Auf der Reeperbahn nachts um halb eins« (Regie: Wolfgang Liebeneiner, 1954) erweist sich trotz Starbesetzung – Rühmann, Gustav Knuth – als flauer Aufguß von »Große Freiheit Nr. 7«. »Der tolle Bomberg« (Regie: Rolf Thiele, 1957) schielt allzu deutlich nach dem Erfolg von »Münchhausen«, bietet aber nur brave westfälische Hausmannskost. Und ein weiteres Co-Produktions-Abenteuer mit Albers in der Rolle eines alternden Rennleiters findet weder in Italien noch in Deutschland viel Anklang: »Die Verlobten des Todes« (Regie: Romolo Marcellini) sterben allzu schnell im Kino.

28.
Nur Lumpen sind bescheiden

Dem Kanzler sieht man seine Jahre an. Das wird ein Problem. Kosmetik ist das Gebot der Stunde. Im Bundestagswahlkampf 1957 kommt ein neuer, deutlich verjüngter Adenauer auf die CDU-Plakate: nicht mehr photographiert, sondern gemalt – mit auffällig blondiertem Haupthaar und durchdringenden blauen Augen. Das Porträt ist eine Lüge, die Wahl ist ein Erfolg. Mit dem Slogan »Keine Experimente« erringt Konrad Adenauer die absolute Mehrheit. Aber hinter seinem Rücken ist längst die Nachfolge-Diskussion entbrannt. Er selbst bringt Heinrich Krone, Franz Etzel und Gerhard Schröder ins und wieder aus dem Gespräch. Ludwig Erhard wartet.

Hans Albers sitzt am Starnberger See und pflegt seine Rosen. Irgendwie imponiert er ihm doch, der zähe Greis am Rhein, der keinen Trick scheut, um sich ganz oben zu halten. Aber seine Politik gefällt ihm nicht. Zum ersten und einzigen Mal in seinem Leben gibt Hans Albers 1958 eine öffentliche politische Erklärung ab. Am 25. März 1958 ermächtigt der Bundestag die Bundesregierung zur Ausrüstung der Bundeswehr mit Atomwaffen. Albers sagt der »Neuen Illustrierten«: »Atombewaffnung der Bundeswehr? Herrschaften, spielt nur ja nicht den Elefanten im Porzellanladen. Was dabei herauskommt, hat deutlich die Vergangenheit gelehrt. Außerdem halte ich solch eine Maßnahme für das denkbar unglücklichste Mittel, mit den Russen über die Wiedervereinigung beider Teile Deutschlands ins Gespräch zu kommen.«

In den fünfziger Jahren sind direkte politische Kommentare von Filmstars eine absolute Rarität. Man will es sich mit niemandem verderben. Albers ist über diesen Punkt hinaus.

Er ist unglücklich. Er trinkt. Er hat Heimweh. Das Leben mit Hansi Burg, der großen Liebe, ist immer schwieriger geworden. Sie, die Emigrantin, die ihren Vater im Konzentrationslager Theresienstadt verloren hat, drängt Albers, Deutschland zu verlassen, sich in der Schweiz anzusiedeln. Hansi Burg ist eine kranke Frau. Sie ist morphiumsüchtig. Sie zieht sich mehr und mehr zurück.

Albers träumt von Hamburg. Immer häufiger fährt er in den fünfziger Jahren in seine Vaterstadt, besucht seine drei betagten Schwestern im Elbvorort Rissen, bespricht mit der Familien-Freundin Wilma Schultz ein immer wieder verschobenes Memoiren-Buch. Das hat Zeit, denkt er.

Seine besten Filme wird er drehen, wenn er so alt ist wie der Kanzler Adenauer.

Von seiner Suite (Nr. 206/207) im Atlantic-Hotel schaut er über die Alster. In Bayern hat er sich schon vor Jahren ein Tonbandgerät mit den Geräuschen des Hamburger Hafens installieren lassen. Am späten Abend klingen Schlepper-Sirenen, Barkassen-Tuckern und der Werft-Lärm von Blohm und Voss über den Starnberger See.

☆

»Nur Lumpen sind bescheiden«, sagt Albers gerne. Er ist kein Lump. Filme mit Hans Albers sind immer noch Hans-Albers-Filme, maßgeschneidert nach den Forderungen und Bedürfnissen ihres Stars. Und andere Stars duldet er nicht neben sich. Seine Partnerinnen in den fünfziger Jahren sind nicht Maria Schell oder Ruth Leuwerik, sondern Anfängerinnen – von Romy Schneider bis hin zur jugendlichen Sabine Sinjen (die neben Peter Kraus, in Albers' allerletztem Film, der Gaunerkomödie »Kein Engel ist so rein«, auftritt). Die zweite Geige sollen andere spielen.

Es heißt, bei seinem dritten und letzten Film mit Heinz Rühmann (»Auf der Reeperbahn nachts um halb eins«, 1954) hätten ihm die Produzenten nahegelegt, dem Kollegen auf dem Plakat den ersten Platz einzuräumen. »Das können Sie gerne machen, meine Herren«, soll er gesagt haben, »wenn Sie mich vorher in Zalbers umtaufen.«

Gegen Ende der fünfziger Jahre, als die Stars ihre finanziellen Ansprüche immer höher schrauben, beschließt ein Produzenten-Kartell einen Gagen-Stopp (der dann nie ernsthaft beachtet wird). Eine Liste mit dem Marktwert der teuren Herrschaften kommt zustande (und auch gleich in die Zeitung):

100.000 Mark Gage sollen künftig wert sein: Ruth Leuwerik, Lilli Palmer, Liselotte Pulver, Nadja Tiller, Caterina Valente, O. W. Fischer, Curd Jürgens, Hardy Krüger, Freddy Quinn, Heinz Rühmann.

75.000 Mark sollen gezahlt werden für die Dienste von O. E. Hasse und Peter Alexander. Mit fünftausend Mark weniger sollen sich fürderhin Marika Rökk und Hansjörg Felmy abfinden.

Erst an fünfter Stelle dieser absurden Liste findet sich der Name Albers: in Gesellschaft von Walter Giller, Martin Held und Hannes Messemer. Der fiktive Marktwert dieser Herren wird auf eine Gage von 60.000 Mark pro Film taxiert. Ein Name wie Maria Schell taucht auf der Liste nicht auf. Von der weiß man, daß sie, wenn überhaupt, höchstens für eine halbe Million zu haben ist.

Der ganz große Kassenmagnet ist er tatsächlich schon seit Jahren nicht mehr, aber der Nimbus Albers bleibt: »ein sehr deutsches Phänomen, zusammengesetzt aus Sentimentalität und etwas Kitsch, aus Draufgängerei und Ahnungslosigkeit. Aber von großmütiger Art, von einem schönen Schwung echter Naivität, die das Rührselige anrührend und das Kleinbürgerliche märchenhaft macht.« So schreibt die strenge Karena Niehoff zu seinem 65. Geburtstag am 22. September 1957. Den feiert er in Hamburg. Sie haben ihn zurückgeholt.

»Das Herz von St. Pauli«

29.
Späte Heimkehr

»Das letzte Hemd hat leider keine Taschen /
Man lebt nur einmal, einmal, einmal auf der Welt /
Drum laßt uns schnell den kleinen Rest vernaschen /
Im Himmel braucht der Mensch bestimmt ja doch kein Geld.«

»Das Herz von St. Pauli« ist eine Kneipe ebendort. Das Herz des Herzens ist der alte Käpt'n Jonny Jensen: ein sangesfroher Seebär. Der Rest ist berechenbar. In Gestalt von Gert Fröbe und Mady Rahl hält die Sünde Einzug im fröhlichen Viertel. Schon stecken die Usurpatoren den verdutzten Veteranen in eine Phantasie-Uniform und verhökern ihn als Touristenattraktion. Doch Jonny schlägt zurück. Im Showdown auf der Hafenbarkasse bleibt er Sieger. Überraschend darf das niemand finden.

Albers liebt Hamburg. Hamburg liebt Albers. Ganz langsam läßt er sich morgens von seinem Chauffeur vom Atlantic-Hotel an der Außenalster zum Studio Hamburg draußen hinter Wandsbek fahren. Die Menschen erkennen ihn überall, winken ihm zu, bejubeln ihn. Der liebe Gott ist wieder zu Hause. Was macht es da, wenn »Das Herz von St. Pauli« nur ein auffällig schlecht geschriebener und drittklassig inszenierter Beutezug durch das mythische Albers-Land ist?

Auch der nächste Film – wieder mit Eugen York als Regisseur, wieder mit Hansjörg Felmy in der Rolle des spießig-netten Sohns – schlachtet lieblos die arg verblichene Pracht besserer Kinotage aus. Noch einmal ist Albers »Der Greifer«, doch kein draufgängerischer Kriminellenschreck mehr, sondern nur noch ein mitunter fast somnambul durch die Kulissen tapernder Pensionär. Es ist ein langsames, schreckliches Ende einer einzigartigen Karriere.

Doch vom Aufhören will der Star nichts wissen. In seinem schottisch karierten Schlafrock, die Cognacflasche nie außer Reichweite, hält Albers Hof in seiner Suite. Die alten Kumpels besuchen ihn. Max Brauer, der große Nachkriegs-Bürgermeister der SPD, ist sein Freund. Er spricht davon, sich an der Elbe ein Haus zu kaufen.

Noch trinkt er sie alle unter den Tisch, noch erlaubt ihm sein robustes Naturell nächtliche Kneipenbesuche am wenig vornehmen Hansa-Platz in St. Georg. Der »Maharadschah von Whiskypur« ist immer gut für die letzte Runde. Er geht auf Tuchfühlung. Er braucht das. Ende der fünfziger Jahre tritt er als Attraktion bei »Star-Paraden« auf. Die unstillbare Sucht, geliebt zu werden, die sein Leben bestimmt hat, verläßt ihn nicht. Auf seinen Premieren-Tourneen kehrt er jetzt auch in Orten wie Heide/Holstein ein. Der Applaus ist eine mächtige Droge.

☆

Noch ein Heimatfilm. »Der Mann im Strom«, allzu frei nach Siegfried Lenz, noch so eine Geschichte um einen Alten, der einfach nicht aufhören kann, der sogar seine Papiere fälscht, um sich jünger zu machen. Ein Taucher muß tauchen, bis zum bitteren Ende. Aber das darf immer noch nicht stattfinden: nicht in einem Albers-Film.

Albers sieht schlecht aus. Das paßt zur Rolle. Er wankt. Er macht weiter. Er dreht gleich noch einen Film: »Dreizehn alte Esel« (1958). Das ist der Ausverkauf. Ein lieber alter Onkel aus Amerika, der die Kleinstadt-Spießer mit wüsten Schnurren und schrecklichen Liedern unterhält, ein »Don Chaussee«, der verschüchterten Flüchtlingskindern wieder das Lachen beibringt – über weite Strecken wirkt Albers so, als habe er sich in einen falschen Film verirrt und sei nur geblieben, weil ihm die Kraft zur Flucht abhanden gekommen ist.

Seine engsten Vertrauten, die er seit Jahrzehnten bei jedem Film um sich hat – der Garderobier Otto Sucrow, der Maskenbildner Hans Dublies, der Chauffeur Paul Schraml –, versuchen ihn abzuschirmen, so gut es geht. Er macht eine Pause. Das hält er nicht aus.

Er macht einen Film: die Gauner-Komödie »Kein Engel so rein« mit Sabine Sinjen, Peter Kraus und Gustav Knuth. Das hält er kaum durch. Freddy Quinn, der so gerne ein neuer Albers geworden wäre, dreht zufällig auf dem gleichen Ateliergelände in Berlin: »Ich bin in meinem Leben Hans Albers nur ein einziges Mal begegnet. Es war ein erschütterndes Zusammentreffen. Es hat mich lange tief bewegt… Ich konnte kaum glauben, daß dies kein ›Hans-Albers-Film‹ sein sollte, der mit großen Lettern seinen Namen tragen würde. Daß nicht er, sondern Peter Kraus der Hauptdarsteller war. Ich platze nicht gern in die Produktionen von Kollegen hinein. Doch ich war so aufgeregt, daß ich in einer Drehpause an die Garderobentür von Albers klopfte, mich höflich vorstellte und fragte, ob ich wohl stören würde.

Die großen blauen Wasserkanten-Augen von Albers blickten mich ein wenig abwesend an. Dann aber kehrte das alte Feuer in sie zurück. Albers ließ seine beiden Pranken auf meine Schultern nieder und sagte: ›Nu mach man keinen Quatsch, mien Jung, und komm rin.‹ Ich merkte sofort, daß dies nicht das erste Glas war, mit dem er seine bittere Enttäuschung herunterspülen wollte. Und es war für mich fast tragisch zu sehen, wie der alternde Star mit forcierter Forschheit diese Situation überspielen wollte.«

Der Star und sein bester Regisseur: Albers mit Helmut Käutner (rechts)

30.
Good bye, Jonny

Noch einmal spielt Albers Theater. Am 7. März 1960 bricht er in Wien
– wo er am Raimund-Theater den Vater Knie in der Musical-Version
von Carl Zuckmayers Seiltänzer-Stück »Katharina Knie« spielt und
singt – völlig erschöpft zusammen. Am Tag zuvor hat er noch in einem
Interview von einer geplanten Amerika-Tournee, von einem Holly-
wood-Angebot von David O. Selznick erzählt.

Drei Wochen vor seinem Tod läßt sich Hans Albers in seinem geliebten Cadillac noch einmal um den Starnberger See fahren. Er weiß, wie
es um ihn steht. Er ist abgemagert. Seine Haut ist gelb. Die Leber gibt
den langen Kampf gegen ihren Besitzer auf. Er stirbt am 24. Juli 1960
in einer Klinik in Bayern.

Zur Beerdigung auf dem Ohlsdorfer Friedhof in Hamburg kommen
Zehntausende. Helmut Käutner hält eine bewegende Grabrede:
»Hanne! Hör mal, Hanne, die Hansi sagt mir, du hast dich schlafen
gelegt. Na bitte, das ist doch ganz natürlich. Wer so viel gearbeitet hat
wie du, der wird doch auch mal müde sein dürfen. Außerdem, man
muß sich doch ausruhen, wenn man eine so weite Reise vorhat wie du!
Eine so weite Reise in die große Freiheit. In die einzige Freiheit vielleicht, die es wirklich gibt. Und da dachte ich, vor so einer Reise, da
sollte man noch mal seine Freunde um sich haben. Irre ich mich? Nur
so auf einen Schwatz, auf ein Glas, auf ein Lachen, das du ja immer so
gern hast. Ich finde, da braucht man gar keine so großen Worte. Da
genügt es, wenn man weiß, das bist du und das sind wir, und du und
wir, das gehört zusammen und das ist eigentlich eins...

Und darum möcht ich dir vorschlagen – wie ich dich kenne, bist du da
sehr mit einverstanden –, daß wir gar nicht erst Abschied nehmen.
Denn du bleibst ja bei uns. In uns, mit uns, wie eh und je... Tschüs,
mein Junge. Good bye, Jonny! Moi Wedder end gode Fahrt!«

Ein ordentliches Testament hinterläßt Hans Albers nicht. Die Erben
streiten sich lange.

Die Tonfilme von Hans Albers

1929   *Die Nacht gehört uns*

Regie: Carl Froelich.
Buch: Walter Reisch, Walter Supper (nach dem gleichnamigen Schauspiel von
Henry Kistenmaekers).
Kamera: Reimar Kuntze, Charles Métain.
Ausstattung: Franz Schroedter.
Ton: Joseph Massolle.
Musik: Hansom Milde-Meissner.
Schnitt: Wolfgang Loe-Bagier, Hans Oser.
Produktion: Froelich-Film GmbH.
Länge: 110 Minuten. (s/w)

Darsteller: Hans Albers (Harry Bredow), Charlotte Ander (Bettina Bang), Otto
Wallburg (Bettinas Vater), Walter Janssen (Marten), Brethe Ostyn (fremde Frau),
Julius Falkenstein (Rechtsanwalt), Ida Wüst und Lucie Englisch (Damen der Ge-
sellschaft) u. a.

1930   *Der blaue Engel*

Regie: Josef von Sternberg.
Buch: Robert Liebmann (frei nach »Professor Unrat« von H. Mann).
Kamera: Günther Rittau, Hans Schneeberger.
Ausstattung: Otto Hunte, Emil Hasler.
Musik: Friedrich Hollaender.
Produktion: Ufa.
Länge: 109 Minuten. (s/w)

Darsteller: Hans Albers (Mazeppa), Emil Jannings (Prof. Immanuel Rath), Mar-
lene Dietrich (Lola Lola), Kurt Gerron (Kiepert), Rosa Valetti (Guste Kiepert),
Reinhold Bernt (der Clown), Eduard v. Winterstein (Schuldirektor), Hans Roth
(Pedell), Rolf Müller (Gymnasiast Angst), Rolant Varno (Gymnasiast Lohmann),
Carl Balhaus (Gymnasiast Ertzum), Robert Klein-Lörk (Gymnasiast Goldstaub)
u. a.

1930   *Der Greifer*

Regie: Richard Eichberg.
Buch: Rudolf Katscher, Egon Eis (nach einer Idee von Victor Kendall).
Kamera: Heinrich Gärtner, Bruni Mondi.
Ausstattung: Clarence Elder.

Musik: Hans May, John Reynders.
Produktion: Richard Eichberg-Film GmbH und British International Pictures Ltd. in einer Gemeinschaftsproduktion.
Länge: 88 Minuten. (s/w)

Darsteller: Hans Albers (Sergeant Harry Cross), Charlotte Susa (Dolly Mooreland), Margot Walter (Alice Cross, Harrys Frau), Karl Ludwig Diehl (Snorry), Eugen Burg (Chefinspektor Warrington), Harry Hardt (Inspektor Sinclair), Hermann Blaß (Prater-Pepi), Erich Schönfelder (Kriminalreporter Barker), Jack Mylong-Münz (Zahnstocher-Jeff), Hugo Fischer-Köppe (Schrammen-Dick), Milo de Sabo (Tänzer-Jonny), Senta Söneland (eine Frau im Gefängnis), Hertha v. Walther (Flossie), Wera Engels (Mabel) u. a.

1930   *Hans in allen Gassen*

Regie: Carl Froelich.
Buch: Dr. Rudolf Frank (nach dem Roman »Samarra« von Ludwig Wolff).
Kamera: Franz Planer.
Ausstattung: Franz Schroedter.
Musik: Hansom Milde-Meissner, Erwin Bootz.
Produktion: Froelich-Film GmbH.
Länge: 100 Minuten. (s/w)

Darsteller: Hans Albers (der Reporter), Camilla Horn (seine Braut), Betty Amann (ein anderes Mädchen), Max Adalbert (sein Vater), Toni Tetzlaff (dessen Frau), Gustav Diessl (Soranzo), Paul Heidemann und Heinz Sarnow (Leute von der Zeitung), Hermann Böttcher, Colette Jell u. a.

1931   *Drei Tage Liebe*

Regie: Heinz Hilpert.
Buch: Heinz Hilpert.
Kamera: Otto Kanturek.
Ausstattung: Hans Jacoby.
Musik: Friedrich Hollaender.
Produktion: Fellner & Somló Filmproduktion GmbH.
Länge: 102 Minuten. (s/w)

Darsteller: Hans Albers (Franz), Käthe Dorsch (Lena), Trude Berliner (Karla), Paul Samson-Körner (ihr Freund), Hansi Arnstaedt, Rudolf Platte, Ruth Jacobsen, Oskar Groß, Lotte Stein, Fritz Odemar u. a.

1931   *Bomben auf Monte Carlo*

Regie: Hanns Schwarz.
Buch: Hans Müller, Franz Schulz.
Kamera: Günther Rittau, Konstantin Tschet.
Ausstattung: Erich Kettelhut.
Ton: Hermann Fritzsching.
Musik: Werner R. Heymann.

Produktion: Ufa.
Länge: 111 Minuten. (s/w)

Darsteller: Hans Albers (Craddock), Anna Sten (Yola), Heinz Rühmann (Peter), Ida Wüst (Isabel), Karl Etlinger (Konsul), Rachel Devirys (Diane), Kurt Gerron (Casino-Direktor), Peter Lorre (Pawlitscheck) u. a.

1931   *Der Draufgänger*

Regie: Richard Eichberg.
Buch: Dr. Josef Than, Richard Eichberg.
Kamera: Heinrich Gärtner, Bruno Mondi.
Ausstattung: Jacques Rotmil, Hans Minzloff.
Musik: Hans May.
Produktion: Richard Eichberg-Film GmbH.
Länge: 75 Minuten. (s/w)

Darsteller: Hans Albers (Martin Timm), Alfred Beierle (Hans Röder), Martha Eggert (Trude), Gerda Maurus (Gloria), Senta Söneland (Fräulein Schönholz), Sigurd Lohde (Patterson), Ernst Stahl-Nachbaur (George Brown, alias Mac Born), Fritz Klippel (Parker), Leonhard Steckel (Barini), Reinhold Bernt (Willy), Anna Müller-Lincke (Frau Pahlke), Eugen Burg (Andersen) u. a.

1932   *Der Sieger*

Regie: Hans Heinrich, Paul Martin.
Buch: Leonhard Frank, Robert Liebmann.
Kamera: Günther Rittau, Otto Baecker.
Ausstattung: Erich Kettelhut.
Ton: Fritz Thiery.
Musik: Werner R. Heymann.
Produktion: Ufa.
Länge: 93 Minuten. (s/w)

Darsteller: Hans Albers (Hans Kühnert), Käthe von Nagy (Helene), Julius Falkenstein (Ponta), Hans Brausewetter (Hunter), Frieda Richard (Kühnerts Mutter), Max Gülstorff (Hoteldirektor), Ida Wüst (Schneiderin), Adele Sandrock (ältere Dame im Hotel) u. a.

1932   *Quick*

Regie: Robert Siodmak.
Buch: Hans Müller.
Kamera: Günther Rittau, Otto Baecker.
Ausstattung: Erich Kettelhut.
Ton: Fritz Thiery.
Musik: Hans-Otto Borgmann, Gérard Jacobson.
Schnitt: Victor Gertler.
Produktion: Ufa.
Länge: 98 Minuten. (s/w)

Darsteller: Hans Albers (Quick), Lilian Harvey (Eva), Willy Stettner (Dicky), Albert von Kersten (Professor Bertram), Paul Hörbiger (Lademann), Carl Meinhard (Direktor Henkel), Paul Westermeier (Clock), Genia Nikolajewa (Marion), Käthe Haack (Frau Koch), Flockina von Platen (Charlotte), Fritz Odemar (Oberkellner), u. a.

1932   *Der weiße Dämon*
(Rauschgift)

Regie: Kurt Gerron.
Buch: Philipp Lothar Mayring, Dr. Fritz Zeckendorf.
Kamera: Carl Hoffmann.
Ausstattung: Julius v. Borsody.
Musik: Hans-Otto Borgmann.
Produktion: Ufa.
Länge: 107 Minuten. (s/w)

Darsteller: Hans Albers (Heini Gildemeister), Gerda Maurus (seine Schwester), Trude von Molo (ihre Freundin), Peter Lorre (ein Buckliger), Lucie Höflich (Heinis Mutter), Alfred Abel (Konsul Gorre), Hans-Joachim Schaufuß (sein Sohn), Raoul Aslan (Dr. Urussew), Hubert von Meyerinck (Marquis d'Esquillon), Alfred Beierle, Ernst Behmer, Paul Biensfeldt, Julius Brandt u. a.

1932   *F.P.1 antwortet nicht*

Regie: Karl Hartl.
Buch: Walter Reisch (nach dem gleichnamigen Roman von Kurt Siodmak).
Kamera: Günther Rittau, Konstantin Tschet, Otto Baecker.
Ausstattung: Erich Kettelhut.
Ton: Fritz Thiery.
Musik: Allan Gray, Hans-Otto Borgmann.
Schnitt: Willy Zeyn jr.
Produktion: Ufa.
Länge: 115 Minuten. (s/w)

Darsteller: Hans Albers (Ellissen), Sybille Schmitz (Claire), Paul Hartmann (Droste), Peter Lorre (Foto-Reporter), Hermann Speelmans (Damsky), Paul Westermeier (der Mann mit den Schiffbrüchen), Arthur Peiser (der Mann mit dem Zahnweh), Gustav Püttjer (der Mann mit der Fistelstimme), Georg August Koch (1. Offizier), Hans Schneider (2. Offizier), Werner Schott (Matthias), Erich Ode (Konrad), Philipp Manning (Arzt), Georg John (Maschinist), Rudolf Platte (Funker auf der F.P.1), Friedrich Gnaß (Funker auf der Werft) u. a.

1933   *Heut kommt's drauf an*

Regie: Kurt Gerron.
Buch: Philipp Lothar Mayring, Wolfgang Wilhelm.
Kamera: Bruno Mondi.
Ausstattung: Max Knaake.

Musik: Helmuth Wolfes, Bronislaw Kaper, Walter Jurmann, Paul Mann, Stephan Weiß.
Produktion: Boston-Film Co.mbH
Länge: 86 Minuten. (s/w)

Darsteller: Hans Albers (Hannes Eckmann), Luise Rainer (Marita Costa), Oskar Karlweis (Peter Schlemm), Oskar Sima (Basil, Maritas Impresario), Max Gülstorff (Generaldirektor Bourth), Baby Gray (Puppe) und die Weintraub-Syncopators (Die Eckmanns Boys) u. a.

1933   *Ein gewisser Herr Gran*

Regie: Gerhard Lamprecht.
Buch: Philipp Lothar Mayring.
Kamera: Eduard Hoesch.
Ausstattung: Sohnle & Erdmann.
Ton: Hermann Fritzsching.
Musik: Hermann Schulenburg, Hans-Otto Borgmann.
Produktion: Ufa.
Länge: 102 Minuten. (s/w)

Darsteller: Hans Albers (Herr Gran), Albert Bassermann (Tschernikoff, ein Kunsthändler), Rose Stradner (Tschernikoffs Frau), Walter Rilla (Pietro Broccardo, Maler), Karin Hardt (Viola Doleen), Olga Tschechowa (Frau Mervin), Hubert v. Meyerinck (Hauptmann Gordon), Hermann Speelmans (Nica), Hans Adalbert Schlettow (Beppo), Hans Deppe (Rossi), Fritz Odemar (trauriger Herr) u. a.

1933   *Flüchtlinge*

Regie: Gustav Ucicky.
Buch: Gerhard Menzel (nach seinem gleichnamigen Roman).
Kamera: Fritz Arno Wagner.
Ausstattung: Robert Herlth, Walter Röhrig.
Ton: Hermann Fritzsching.
Musik: Herbert Windt.
Schnitt: Eduard v. Borsody.
Produktion: Ufa.
Länge: 88 Minuten.

Darsteller: Hans Albers (Arneth), Käthe von Nagy (Kristja), Eugen Klöpfer (Laudy), Ida Wüst (die Megele), Walter Herrmann (deutscher Delegierter), Karl Rainer (Peter), Franziska Kinz (die Schwangere), Veit Harlan (Mannlinger), Hans Adalbert Schlettow (der Sibirier), Friedrich Gnaß (Husar), Karl Meixner (Pappel), Fritz Genschow (Hermann), Hans Hermann Schaufuß (Zwerg), Josef Dahmen (der Rothaarige), Rudolf Biebrach (der Uhrmacher), Karsta Löck (die Hellerle), Maria Koppenhöfer (die Wolgadeutsche), Andrews Engelmann (russischer Kommissar) u. a.

1934 *Gold*

Regie: Karl Hartl.
Buch: Rolf E. Vanloo.
Kamera: Günther Rittau, Otto Baecker, Werner Bohne.
Ausstattung: Otto Hunte.
Musik: Hans-Otto Borgmann.
Produktion: Ufa.
Länge: 121 Minuten. (s/w)

Darsteller: Hans Albers (Werner Holk), Brigitte Helm (Florence Wills), Lien Deyers (Margit Möller), Michael Bohnen (John Wills), Friedrich Kayßler (Prof. Achenbach), Eberhard Leithoff (Harris), Ernst Karchow (Lüders), Willi Schur (Pitt), Rudolf Platte (Schwarz), Walter Steinbeck (Brann), Heinz Wemper (Vesitsch), Hans Joachim Büttner (Becker), Friedrich Ettel, Ernst Behmer, Philipp Manning, Fita Benkhoff, Elsa Wagner, Curt Lucas, Rudolf Biebrach, Frank Günther, Willi Kaiser-Heyl, Erich Hausmann u. a.

1934 *Peer Gynt*

Regie: Fritz Wendhausen.
Buch: Josef Stolzing-Czerny, Richard Billinger, Fritz Reck-Malleczewen nach Motiven von Ibsens Drama »Peer Gynt«.
Kamera: Carl Hoffmann.
Ausstattung: Hermann Warm, Carl Vollbrecht.
Ton: K. A. Keller.
Musik: Giuseppe Becce unter der Verwendung Griegscher Motive.
Schnitt: C. O. Bartning.
Produktion: Bavaria-Film AG., München.
Länge: 120 Minuten. (s/w)

Darsteller: Hans Albers (Peer Gynt), Lucie Höflich (Mutter Aase), Marieluise Claudius (Solveig), Ellen Frank (Ingrid), Olga Tschechowa (Baronin), Lizzi Waldmüller (Tatjana), Zehra Achmed (Anitra), Richard Revy (Gunarson), Hans Schultze (Schmied Aslak), Friedrich Kayßler (Kiensly), Otto Wernicke (Parker), Fritz Odemar (Silvan), Alfred Döderlein (Mats Moen), Mina Höcker-Behrens (Frau Rink), Philipp Veit (Landstreicher), Magda Lena (eine Bäuerin), Armand Zäpfel (Kapitän), Wilhelm Holzboer (John Bless), Otto Eduard Hasse (Steuermann), Viktor Bell (Diener Ben) u. a.

1935 *Varieté*

Regie: Nikolaus Farkas.
Buch: Nikolaus Farkas, Rolf E. Vanloo.
Kamera: Victor Arménise.
Ausstattung: Serge Pimenoff.
Ton: Dr. Liebermann, Karl Albert Keller.
Musik: Hans Carste.
Schnitt: Hermann Halle.
Produktion: Deutsch-französische Gemeinschaftsproduktion, Bavaria AG., Vandor-Film (Les Films E. F.).
Länge: 96 Minuten. (s/w)

Darsteller: Hans Albers (Pierre), Annabella (Jeanne), Attila Hörbiger (George), Karl Etlinger (Max), Ernst Rotmund (Varietédirektor), Gerhard Dammann (Varietéregisseur), Gustav Püttjer (Emil), Else Reval (Frau Thomas), Arthur Reinhardt (Pressechef), Walter Steinweg (Schneider), Nikolai Kolin (Gänsemann) u. a.

1935   *Henker, Frauen und Soldaten*

Regie: Johannes Meyer.
Buch: Max Kimmich, Jacob Geis (nach dem Roman »Ein Mannsbild namens Prack« von Fritz Reck-Malleczewen).
Kamera: Franz Koch.
Ausstattung: Max Seefelder, Josef F. Strobl.
Ton: F. W. Dustmann.
Musik: Peter Kreuder.
Schnitt: Gottlieb Madl.
Produktion: Bavaria-Film AG., München.
Länge: 121 Minuten. (s/w)

Darsteller: Hans Albers (Michael von Prack, Alexej Alexandrowitsch von Prack), Charlotte Susa (Vera Iwanowna), Jack Trevor (Captain Mac Callum), Ernst Dumcke (Hauptmann Eckau), Aribert Wäscher (Generaldirektor Brosuleit), Hubert v. Meyerinck (Rittmeister Lensberg), Annie Markart (Marianne, genannt Mary), Otto Wernicke (Pieter Timm), Gustav Püttjer (Tetje Eckers), Fritz Genschow (Buschke), Gerhard Bienert (Kossmann), Max Weydner (Oberst Kolynoff), Bernhard Minetti (der Hauptkommissar), Oscar Marion (Leutnant Lessen), Zorah Achmed (Arabermädchen), Paul Rehkopf (Gärtner), Fita Benkhoff (die Kesse), Charlotte Radspieler (die Lustige), Vera Schwarz (die Naive) u. a.

1936   *Savoy-Hotel 217*
                             (Mord im Savoy)

Regie: Gustav Ucicky.
Buch: Gerhard Menzel.
Kamera: Fritz Arno Wagner.
Ausstattung: Robert Herlth, Walter Röhrig.
Musik: Walter Gronostay.
Produktion: Ufa.
Länge: 99 Minuten. (s/w)

Darsteller: Hans Albers (Andrei Antonowitsch Wolodkin), Brigitte Horney (Natasja Andrejewna Daschenko), Käthe Dorsch (Anna Fedorowna Orlowa), Gusti Huber (Darja Sergejewna Plagina), René Deltgen (Sergei Gawrilowitsch Schuwalow), Alexander Engel (Fedor Fedorowitsch Daschenkow), Jakob Tiedtke (Rechtsanwalt), Aribert Wäscher (Pawel Pawlowitsch), Hans Leibelt (Untersuchungsrichter), Paul Westermeier (Kutscher), Erich Fiedler, Herbert Hübner, Margot Höpfner, Jens Keith, Rudolf Schündler, Werner Pledath, Eduard Wenck, Walter v. Allwörden, Carl Auen, Horst Birr, Jac Diehl, S. O. Schoening, Ewald Wenck, Babette Jenssen, Albert Hugelmann u. a.

1936   *Unter heißem Himmel*

Regie: Gustav Ucicky.
Buch: Gerhard Menzel.
Kamera: Fritz Arno Wagner.
Ausstattung: Robert Herlth, Walter Röhrig.
Musik: Theo Mackeben.
Produktion: Ufa.
Länge: 101 Minuten. (s/w)

Darsteller: Hans Albers (Kapitän Kellersperg), Lotte Lang (Rosa Ferugas), Aribert Wäscher (Calfa), Eberhard Leithoff (der Ingenieur), Alexander Engel (Theaterdirektor), René Deltgen (Groppi), Bruno Hübner (Dr. Negruzzi), Hans Leibelt (Chef der Seepolizei), Ida Turay (Frau Risselschmidt), Adolf Gondrell (Herr Risselschmidt), Jack Trevor (Mr. Hicks), Ellen Frank (Fräulein Altamont), Erna Fentsch (Vera), Franz Nicklisch (2. Offizier), Reinhold Bernt (1. Offizier), Alfred Beierle (Polizei-Kommissar), Willi Schur, S. O. Schoening, Angelo Ferrari, Gustav Püttjer u. a.

1937   *Der Mann, der Sherlock Holmes war*

Regie: Karl Hartl.
Buch: Robert A. Stemmle, Karl Hartl.
Kamera: Fritz Arno Wagner.
Ausstattung: Otto Hunte, Willy Schiller.
Ton: Hermann Fritzsching.
Musik: Hans Sommer.
Schnitt: Gertrud Hinz.
Produktion: Ufa.
Länge: 112 Minuten. (s/w)

Darsteller: Hans Albers (Sherlock Holmes), Heinz Rühmann (Dr. Watson), Marieluise Claudius (Mary Berry), Hansi Knoteck (Jane Berry), Hilde Weißner (Madame Ganymar), Siegfried Schürenberg (Monsieur Lapin), Paul Bildt (der Mann, der lacht), Franz W. Schröder-Schrom (Polizei-Direktor), Hans Junkermann (Exzellenz Vangon), Eduard v. Winterstein (Vorsitzender des Gerichts), Edwin Jürgensen (Staatsanwalt), Ernst Legal (Diener Jean), u. a.

1937   *Die gelbe Flagge*

Regie: Gerhard Lamprecht.
Buch: Helmut Brandis, Otto Linnekogel (nach dem gleichnamigen Roman von Fred Andreas).
Kamera: Franz Koch.
Ausstattung: Ludwig Reiber.
Ton: Werner Pohl.
Musik: Giuseppe Becce.
Schnitt: Fritz Mauch.
Produktion: Euphono-Film GmbH.
Länge: 96 Minuten. (s/w)

Darsteller: Hans Albers (Peter Diercksen), Olga Tschechowa (Helen Roeder), Dorothea Wieck (Schwester Dolores), Gothart Portloff (Alfred Gesekius), Rudolf Klein-Rogge (Kapitän Ellis), Arthur Schröder (1. Offizier Benthley), Herbert Gernot (Dr. Rusby), Heinz Evelt (der Steward Tobi), Aribert Wäscher (Kommandant Orveda), Alexander Engel (Dr. Martinez), Hugo Werner-Kahle (Dr. Perez), Erwin Klietsch (Prof. Cameron), Kurt Hinz (Dr. MacHugh), Hans Adalbert Schlettow (Major Bachmair), Lissi Arna (Pandorita), Margit Symo (Lu) u. a.

1938   *Fahrendes Volk*

Regie: Jacques Feyder.
Buch: Jacques Feyder.
Kamera: Fritz Koch, Josef Illig.
Ausstattung: Fritz Maurischat, Heinrich Weidemann.
Musik: Wolfgang Zeller.
Produktion: Deutsch-französische Gemeinschaftsproduktion Tobis-Filmkunst GmbH., Berlin-Paris.
Länge: 107 Minuten. (s/w)

Darsteller: Hans Albers (Fernand), Francoise Rosay (Flora), Camilla Horn (Pepita), Hannes Stelzer (Marcel), Irene v. Meyendorff (Yvonne), Ulla Gauglitz (Suzanne), Herbert Hübner (Zirkusdirektor Barlay), Alexander Golling, Otto Stoeckel, Aribert Mog, Hedwig Wangel, Willem Holsboer, Franz Arzdorf, Bob Bauer, Lilo Bergen, Willi Cronauer, Toni Forster-Larrinaga, Friedrich Gnaß, Walter Holten, Magda Lena, Karl Platen, Erwin v. Roy u. a.

1938   *Sergeant Berry*

Regie: Herbert Selpin.
Buch: Walter Wassermann, C. H. Diller (nach dem gleichnamigen Roman von Robert Arden).
Kamera: Franz Koch.
Ausstattung: Fritz Maurischat.
Musik: Hans Sommer.
Produktion: Euphono-Film GmbH.
Länge: 114 Minuten. (s/w)

Darsteller: Hans Albers (Sergeant Berry), Toni v. Bukowicz (Mutter Berry), Peter Voß (Oberst Turner), Edwin Jürgensen (Madison), Gerd Höst (Amely Madison), Alexander Engel (Evans), Alexander Golling (Gomez), Herbert Hübner (Don Antonio), Herma Relin (Romana, die Tochter Don Antonios), Werner Scharf (Don José), Erich Ziegel (Konsul Smith), Hanni Weiße (Frau Smith), Hans Stiebner (Carlo, der Wirt), Kurt Seifert (Alkalde) u. a.

1939   *Wasser für Canitoga*

Regie: Herbert Selpin.
Buch: Walter Zerlett-Olfenius.
Kamera: Franz Koch, Josef Illig.

Ausstattung: Ludwig Reiber.
Ton: Karl Albert Keller.
Musik: Peter Kreuder.
Schnitt: Lena Neumann.
Produktion: Bavaria-Filmkunst GmbH.
Länge: 120 Minuten. (s/w)

Darsteller: Hans Albers (Oliver Montstuart), Charlotte Susa (Lilly), Hilde Sessak (Winifred Gardener), Peter Voß (Gilbert Trafford), Josef Sieber (Ingram), Heinrich Kalnberg (Reechy), Andres Engelmann (Rusky), Karl Dannemann (Dyke), Hans Mierendorff (Shatterhand), Heinrich Schroth (Gouverneur) u. a.

1940   *Ein Mann auf Abwegen*

Regie: Herbert Selpin.
Buch: H. G. Peterson, Walter Zerlett-Olfenius (nach dem Roman »Percy auf Abwegen« von Hans Thomas).
Kamera: Franz Koch.
Ausstattung: Fritz Maurischat, Paul Markwitz.
Ton: Fritz Seeger.
Musik: Franz Doelle.
Schnitt: Friedel Buckow.
Produktion: Euphono-Film GmbH.
Länge: 90 Minuten. (s/w)

Darsteller: Hans Albers (Percival Pattersson), Charlotte Thiele (Ingrid Pattersson), Hilde Weißner (Liseweta Iwanowna), Hilde Sessak (Marcella Duvallo), Werner Fuetterer (Nils Nilsen), Kurt den Douven (Janno), Gustav Walden (Raymondo Duvallo), Peter Voß (Sully), Herbert Hübner (Meyers), Hintz Fabricius (Archibald), Werner Schott (Carlsson), Werner Scharf (Strakosch), Friedrich Ulmer (Kommissar) u. a.

1940   *Trenck der Pandur*

Regie: Herbert Selpin.
Buch: Walter Zerlett-Olfenius (nach dem gleichnamigen Theaterstück von O. E. Groh).
Kamera: Franz Koch.
Ausstattung: Fritz Maurischat, Franz Lück.
Ton: Hermann Storr.
Musik: Franz Doelle.
Schnitt: Friedel Buckow.
Produktion: Tobis.
Länge: 96 Minuten. (s/w)

Darsteller: Hans Albers (Trenck), Käthe Dorsch (Maria Theresia), Sybille Schmitz (Prinzessin Deinartstein), Hilde Weißner (Gräfin St. Croix), Elisabeth Flickenschildt (Natalie Alexandrowna), Hans Nielsen (Laudon), Oscar Sima (Harun Bashi), Jaspar v. Oertzen (Todt), Peter Voß (Fürst Khevenhüller), Herbert Hübner (Fürst Solojew), Karl Fochler (Prokop), Hubert v. Meyerinck (Herr von Sazenthal), Hintz Fabricius (Herr von Sommerfeld), Harry Hardt (Major Löwen-walde), Theodor Thony (Marschall Coigny), Boris Alekin (russischer Leutnant), Fritz Lafontaine (Leutnant Fries), Lucy Millowitsch (Marietta), Lutz Götz (Adjutant), Wolfgang v. Schwind (Zeremonienmeister bei der Kaiserin) u. a.

1941   *Carl Peters*

Regie: Herbert Selpin.
Buch: Ernst v. Salomon, Walter Zerlett-Olfenius, Herbert Selpin.
Kamera: Franz Koch.
Ausstattung: Fritz Maurischat, Fritz Lück, Peter Adam, Heinrich Gödert.
Ton: Hans Wunschel.
Musik: Franz Doelle.
Schnitt: Friedel Buckow.
Produktion: Bavaria-Filmkunst GmbH.
Länge: 117 Minuten. (s/w)

Darsteller: Hans Albers (Dr. Carl Peters), Karl Dannemann (Dr. Karl Jühlke), Fritz Odemar (Graf Pfeil), Toni v. Bukowicz (Frau Pastor Peters), Hans Leibelt (Prof. Engel), Rolf Prasch (Kaiser Wilhelm I.), Friedrich Otto Fischer (Bismarck), Herbert Hübner (Leo Kayser), Erika von Thellmann (Frau Kayser), Hans Mierendorff (Deutscher Konsul in Sansibar), Ernst Fritz Fürbringer (Graf Behr-Bandelin), Friedrich Ulmer (Fürst Hohenlohe-Langenberg), Justus Paris (Julius Kayser), Jack Trevor (Englischer Konsul in Sansibar), Richard Ludwig (Englischer Botschafter in Berlin), Philipp Manning (Sir Antony Cerry), Theo Shall (Robert Mitchell), G. H. Schnell (Stacy), Walter Neusel (Jonny), Andrews Engelmann (Capt. Mathew), Reginald Pasch (Capt. Behrends-Grenwood), Theodor Thony (Dr. Nicolo), André Saint-Germain (Cap. Bekker), Mohammed Husen (Ramasan) u. a.

1943   *Münchhausen*

Regie: Josef v. Baky.
Buch: Berthold Bürger.
Kamera: Werner Krien, Konstantin Irmen-Tschet.
Ausstattung: Emil Hasler, Otto Gülstorff.
Ton: Erich Schmidt.
Musik: Georg Haentzschel.
Schnitt: Milo Harbich, Walter Wischniewski.
Produktion: Ufa.
Länge: 134 Minuten. (f)

Darsteller: Hans Albers (Baron Münchhausen), Wilhelm Bendow (der Mondmann), Michael Bohnen (Herzog Karl von Braunschweig), Hans Brausewetter (Freiherr von Hartenfeld), Marina v. Ditmar (Sophie von Riedesel), Andrews Engelman (Fürst Potemkin), Käthe Haack (Baronin Münchhausen), Brigitte Horney (Katharina II.), Waldemar Leitgeb (Fürst Grigorij Orlow), Walter Lieck (der Läufer), Ferdinand Marian (Graf Cagliostro), Hubert v. Meyerinck (Prinz Anton Ulrich), Jasper v. Oertzen (Graf Lanskoi), Werner Scharf (Prinz Francesco d'Este), Armin Schweizer (Johann), Marianne Simson (die Mondfrau), Leo Slezak (Sultan

Abd-ul-Hamid), Hermann Speelmann (Christian Kuchenreuther), Hilde v. Stolz (Louise la Tour), Gustav Waldau (Casanova), Franz Weber (Fürst von Ligne), Ilse Werner (Prinzessin Isabella d'Este), Eduard v. Winterstein (Vater Münchhausen) u. a.

1944   *Große Freiheit Nr. 7*

Regie: Helmut Käutner.
Buch: Helmut Käutner, Richard Nicolas.
Kamera: Werner Krien.
Ausstattung: Max Mellin.
Ton: Bruno Suckau.
Musik: Werner Eisbrenner.
Produktion: Terra.
Länge: 112 Minuten. (f)

Darsteller: Hans Albers (Hannes), Ilse Werner (Gisa), Hans Söhnker (Willem), Gustav Knuth (Fiete), Günther Lüders (Jens), Hilde Hildebrand (Anita), Ethel Reschke (Margot), Kurt Wieschala (Jan), Helmut Käutner (Karl), Richard Nicolas (Admiral), Anna Maria Besendahl (Frau Börgel), Justus Ott (Wellenkamp), Alfred Maack (Puhlmann), Thea Thiele (Konsulin) u. a.

1945   *Shiva und die Galgenblume*

Regie: Hans Steinhoff.
Buch: Hans Steinhoff, Hans Rudolf Berndorff.
Kamera: Carl Hoffmann.
Ausstattung: Julius v. Borsody.
Musik: Werner Eisbrenner.
Produktion: Prag-Film AG.
Dieser Film wurde nicht zu Ende gedreht.

Darsteller: Hans Albers (Dietrich Dongen), Aribert Wäscher (Ernst von der Haardt), Paul Wegener (Wladimir Penski), Eugen Klöpfer (Prof. Knyphausen), Gottlieb Sambor (Graf Gortschakoff), Theodor Loos (Kriminalkommissar Winkler), Elisabeth Flickenschildt, O. W. Fischer, Carl Heinz Schroth, Harald Paulsen, Grethe Weiser u. a.

1947   *Und über uns der Himmel*

Regie: Josef v. Baky.
Buch: Gerhard Grindel.
Kamera: Werner Krien.
Ausstattung: Emil Hasler, Walter Kutz.
Musik: Theo Mackeben.
Produktion: Objectiv-Film GmbH.
Länge: 103 Minuten. (s/w)

Darsteller: Hans Albers (Hans Richter), Paul Edwin Roth (Werner Richter), Ralph Lothar (Fritz), Herbert Staskiewicz (Walter), Ludwig Linkmann (Georg),

Otto Gebühr (Lehrer Heise), Elsa Wagner (dessen Frau), Lotte Koch (Edith Schröder), Heidi Scharf (Mizzi), Annemarie Hase (Frau Burkhardt), Marianne Lutz (Helga), Helmuth Helsig (Harry) u. a.

1950 *Föhn*

Regie: Rolf Hansen.
Buch: Erna Fentsch.
Kamera: Richard Angst, Wolfgang Müller-Sehn.
Ausstattung: Hans Sohnle, Fritz Lück.
Musik: Mark Lothar.
Produktion: Rolf Hansen-Film GmbH.
Länge: 86 Minuten. (s/w)

Darsteller: Hans Albers (Dr. Johannes Jensen), Antje Weisgerber (Frau Jensen), Heinrich Gretler (Bergführer), Liselotte Pulver (Maria), Adrian Hoven (Peter) u. a.

1950 *Herrliche Zeiten*

Regie: Erik Ode, Günter Neumann, Fritz Aeckerle, Hans Vietzke.
Buch: Günter Neumann, Fritz Aeckerle, Hans Vietzke.
Kamera: Fritz Arno Wagner.
Musik: Werner Eisbrenner.
Produktion: Comedia-Filmgesellschaft.
Länge: 95 Minuten. (s/w)

Darsteller: Hans Albers und viele Größen von Bühne und Film.

1950 *Vom Teufel gejagt*

Regie: Viktor Tourjansky.
Buch: Emil Burri, Viktor Tourjansky.
Kamera: Franz Koch, Josef Illig.
Ausstattung: Franz Bi, Botho Höfer.
Musik: Franz Grothe.
Produktion: Georg Witt-Film GmbH.
Länge: 103 Minuten. (s/w)

Darsteller: Hans Albers (Dr. Blank), Willy Birgel (Dr. Fingal), Maria Holst (Dr. Cora Berndsen), Lil Dagover (Frau Dakar), Otto Wernicke (Herr Dakar), Alexander Golling (Martin Karper), Heidemarie Hatheyer (Maria Hendrix), Heinrich Gretler (Paul Hendrix), Josef Offenbach (Kommissar Beerbom), Ernst-Stahl-Nachbaur (Prof. Schmederlein), Edith Schultze-Westrum (Schwester Grete), Arnulf Schröder (Kassierer Haussner), Karl Schaidler (Chauffeur von Dakar), Georg Lehn (Assistent von Dakar), Walter Janssen (alter Herr), Fritz Benscher (Freund von Dakar), Harald Mannl (noch ein Freund), Sonja Costa (junge Schwester), Karl Danninger (Pförtner), Katharina Berger (ältere Schwester), Erika Steinhorst (Nachtschwester), Beppo Schwaiger (Polizeibeamter), Alfons Kiechle (Zollinspektor), Wolf Harro (Zollbeamter), Peter Russ (Pfleger 1), Dietrich Thoms (Pfleger 2) u. a.

127

1951   *Blaubart*

Regie: Christian-Jaque.
Buch: André Paul Antoine, Christian-Jaque (*Deutsche Version:* Hans J. Rehfisch, Erich Kröhnke, Borris Borresholm).
Kamera: Christian Matras.
Ausstattung: Georges Wakhévitsch, Fritz Mögle.
Musik: Werner Eisbrenner, Gérard Calvi.
Produktion: Französisch-deutsch-österreichisch-schweizerische Gemeinschaftsproduktion der Ala-Film, Alcina, Union Film.
Länge: 95 Minuten. (f)

Darsteller: Hans Albers (Blaubart), Cécile Aubry (Aline), Fritz Kortner (Haushofmeister), Lina Carstens (die Amme), Arno Paulsen (Matthes), Jacques Sernas (Florian), Ina Halley (Anna), Henri Rollan (Freiherr d'Etoiles), Denis Corman (Valentine d'Etoiles), Carl Wery (der Herzog), Elly Norden (Kunigunde, die Deutsche), Diane Lefort (Lucrezia, die Italienerin), Espanita Cortez (Mercedes, die Spanierin), Geneviève Gérard (Lady Anna Fling, die Schottin), Leila Fouad (Fatme, die Araberin) u. a.

1951   *Nachts auf den Straßen*

Regie: Rudolf Jugert.
Buch: Helmut Käutner, Fritz Rotter.
Kamera: Vaclav Vich.
Ausstattung: Ludwig Reiber, Rudolf Pfenninger.
Musik: Werner Eisbrenner.
Produktion: Neue Deutsche Filmgesellschaft mbH. (NDF), Intercontinental Filmgesellschaft mbH., München.
Länge: 112 Minuten. (s/w)

Darsteller: Hans Albers (Heinrich Schlüter), Lucie Mannheim (Anna, seine Frau), Karin Andersen (Lieschen Brunnhuber, seine Tochter), Martin Urtel (Hans Brunnhuber, ihr Mann), Heinrich Gretler (Carl Falk, Spediteur), Hildegard Knef (Inge Hoffmann), Marius Goring (Kurt Willbrand), Gertrud Wolle (Frau Jaguweit), Hans Reiser (Franz, ihr Sohn), Wolf Ackva (Klatte, Inhaber der Broadway-Bar), Hans Zesch-Ballot (Kriminalinspektor Busch) u. a.

1952   *Käpt'n Bay-Bay*

Regie: Helmut Käutner.
Buch. Heinz Pauck, Per Schwenzen, Helmut Käutner.
Kamera: Friedel Behn-Grund.
Ausstattung: Fritz Maurischat, Paul Markwitz.
Musik: Norbert Schultze.
Produktion: Meteor-Film GmbH.
Länge: 101 Minuten. (s/w)

Darsteller: Hans Albers (Käpt'n Bay-Bay), Bum Krüger (Smutje), Lotte Koch (Hanna), Renate Mannhardt (Manuela), Angèle Durand (Goulou), Anneliese Kaplan (Antje), Rudolf Fernau (Dr. Mendez), Ernst Fritz Fürbringer (Präfekt),

Fritz Rémond (Blacky Blue), Robert Meyn (Zollkommandant), Carsta Löck (Küsterfrau), Erna Sellmer (Tante Emma), Maria Martinsen (Schwarze Witwe), Rudolf Schündler (Wüllmann), Willi Grill (Puvogel), François Benga (Dr. Samuel), Fritz Benscher (Funkreporter) u. a.

1953   *Jonny rettet Nebrador*

Regie: Rudolf Jugert.
Buch: Werner Jörg Lüddecke (nach dem Roman »Manuel erkennt seine Macht« von Karl Lerbs).
Kamera: Hans Schneeberger.
Ausstattung: Fritz Maurischat, Paul Markwitz.
Musik: Werner Eisbrenner, Willi Dehmel.
Produktion: Meteor-Film GmbH.
Länge: 96 Minuten. (s/w)

Darsteller: Hans Albers (Jonny & General Oronta), Margot Hielscher (Mariana), Peter Pasetti (Oberleutnant Dacano), Ferdinand Anton (Leutnant Articos), Trude Hesterberg (Madame Dubouche), Linda Hardt (Rosita), Al Hoosman (Geheimpolizist Totti), Franz Muxeneder (Pacco), Rudolf Vogel (Major Souza), Kurt Ludwig (Carlo), Fritz Benscher (Rubino), Horst Loskarn (Oberst Maracas), Hans Bergmann (Oberst Rastano), Carl Heinz Peters (Major Vinaigle), Wolfgang Molander (Kapitän Tolly), Ernst Rotmund (Präsident Dacapo) u. a.

1954   *An jedem Finger zehn*

Regie: Erik Ode.
Buch: Joachim Wedekind, Peter Schwenzen.
Kamera: Ekkehard Kyrath.
Ausstattung: Hans H. Kuhnert, Theodor Zwierski.
Musik: Werner Müller.
Produktion: Melodie-Film.
Länge: 105 Minuten. (s/w)

Darsteller: Germaine Damar (Margit Rameau), Loni Heuser (Lony Lehmann), Erich Auer (Bert Martin), Walter Giller (Fips Kluger), Bibi Johns (Biggy Nilsson), Werner Fuetterer (Gregor Bruchsal), Walter Gross (Franz Hempel), Macky Kasper (Trompeter Macky), Kenneth Spencer (Orchesterdiener ›Okay‹), Hubert v. Meyerinck (Direktor des ›Lido‹), Werner Kroll (Kroll), Cornelia Froboess (Cornelia, Krolls Nichte), Dina Gralla (Garderobiere), Kurt Vespermann (Kriminalkommissar), Hans Albers, Rudolf Schock, Helmut Zacharias, Josephine Baker, Woody Herman u. a.

1954   *Auf der Reeperbahn nachts um halb eins*

Regie: Wolfgang Liebeneiner.
Buch: Gustav Kampendonk, Curt J. Braun.
Kamera: Kurt Schulz.
Ausstattung: Willi A. Herrmann, Heinrich Weidemann, Peter Schlewski.

Musik: Herbert Trantow.
Produktion: Berolina-Film GmbH.
Länge: 112 Minuten. (f)

Darsteller: Hans Albers (Hannes Wedderkamp), Heinz Rühmann (Pitter Breuer), Fita Benkhoff (Luise), Helga Franck (Anni), Gustav Knuth (Brandstetter, Reeder), Jürgen Graf (Jürgen, sein Sohn), Sybil Werden (Tänzerin Marion), Erwin Strahl (Bilek), Fritz Wagner (Kattmann), Wolfgang Neuss (Nigrantz), Else Reval (die ›Stramme Emma‹), Carl Hinrichs (Bootsmann Jan), Wulf Rittscher (Herr Ettmann, Großhändler), Wolfgang Müller (Matrose), Al Hoosman (ein Gast), Georges André Martin (der Hausknecht Smittie) u. a.

1955   *Der letzte Mann*

Regie: Harald Braun.
Buch: Georg Hurdalek, Herbert Witt.
Kamera: Richard Angst.
Ausstattung: Robert und Kurt Herlth.
Musik: Werner Eisbrenner.
Produktion: Neue Deutsche Filmgesellschaft mbH (NDF).
Länge: 105 Minuten. (s/w)

Darsteller: Hans Albers (Karl Knesebeck, Oberkellner), Romy Schneider (Niddy Hövelmann), Rudolf Forster (Herr Classen), Joachim Fuchsberger (Vetter Alwin), Michael Heltau (Helmuth Bühler), Camilla Spira (Lenchen Knesebeck), Willy Stettner (Friseur Popp), Franz Essel (Empfangschef Pichler), Walter Gross (Otto, Kellner), Karl M. Schley (Eugen, Kellner), Karl-Georg Saebisch (Jonas, Kellner), Paul Bahlke (Enrico, Kellner), Michael Gebühr (Till), Peter Lühr (Onkel Udo), Ursula v. Reibnitz (Tante Alma), Heini Goebel (Onkel Max), Charlotte Witthauer (Tante Elsbeth), Heinrich Hauser (der alte Krüger) u. a.

1956   *Vor Sonnenuntergang*

Regie: Gottfried Reinhard.
Buch: Jochen Huth (nach dem gleichnamigen Bühnenstück von Gerhart Hauptmann).
Kamera: Kurt Hasse.
Ausstattung: Rolf Zehetbauer, Peter Röhrig.
Musik: Werner Eisbrenner.
Produktion: Central Cinema Companie Film.
Länge: 103 Minuten. (s/w)

Darsteller: Hans Albers (Mathias Clausen, Generaldirektor), Annemarie Düringer (Inken Peters), Martin Held (Erich Klamroth), Hannelore Schroth (Ottilie Klamroth), Claus Biederstaedt (Egert Clausen), Maria Becker (Bettina Clausen), Erich Schellow (Wolfgang Clausen), Inge Langen (Paula Clausen), Wolfgang Preiss (Dr. Hahnefeld), Hans Nielsen (Dr. Steynitz), Johanna Hofer (Inkens Mutter), Kurt Vespermann (Wuttke, Fahrer bei Clausen), Reginald Pasch (Diener), Franz Weber (Gärtner) u. a.

1956   *Die Verlobten des Todes*

Regie: Romolo Marcellini.
Buch: Gino de Sancti, Nicola Ferrari, Jacques Remy, Franco Solinas.
Kamera: Aldo Giordani.
Musik: Angelo Francesco Lavagnino.
Produktion: Sirius Film.
Länge: 92 Minuten. (f)

Darsteller: Hans Albers (Lorenzo), Margit Nünke (Giovanna), Rik Battaglia (Carlo), Sylva Koscina (Lucia), Gustavo Rojo (Piero), Carlo Ninchi (Parisi), Saro Urti (Tulio) u. a.

1957   *Der tolle Bomberg*

Regie: Rolf Thiele.
Buch: Hans Jacoby, Per Schwenzen (nach dem gleichnamigen Roman von Josef Winckler).
Kamera: Vaclav Vich.
Ausstattung: Gabriel Pellon.
Musik: Hans Martin Majewski.
Produktion: Arca-Film.
Länge: 97 Minuten. (f)

Darsteller: Hans Albers (Baron Giesbert von Bomberg), Marion Michael (Paula Mühlenberg), Harald Juhnke (Dr. Roland), Paul Henckels (Dr. Landois), Gert Fröbe (Komm.-Rat Mühlberg), Camilla Spira (Frau Mühlberg), Otto Stoeckel (Kuno von Schnappwitz), Thea Grodtzinsky (Mathilde von Schnappwitz), Erich Fiedler (Baron Twackel), Ilse Künkele (Baroness Adelheid), Herbert Weissbach (Graf Murveldt), Helga Warnecke (Tante Laura), Herbert Hübner (von Strullbach), Hans Leibelt (von Wetzelstein), Margit Symo (Frau Krakowskaja), Hubert v. Meyerinck (Pastor), Walter M. Wulf (Diener Fuchs), Ingeborg Christiansen (Emma), Wanda Rotha (Editha) u. a.

1957   *Das kommt nie wieder*
         (Sterne erlöschen nie)

Regie: Martin Ulner.
Buch: Dr. Walter Panofsky.
Kamera: Archivaufnahmen.
Musik: Hansom Milde-Meissner.
Produktion: IMAGO-Film.
Länge: 98 Minuten. (s/w)
Zusammenschnitt aus dem Spielfilm-Archiv des Albert Fidelius.

Darsteller: Hans Albers (Peer Gynt) u. v. a.

1957   *Das Herz von St. Pauli*

Regie: Eugen York.
Buch: Kurt E. Walter, Eberhard v. Wiese (nach dessen gleichnamigen Roman).

131

Kamera: Ekkehard Kyrath.
Ausstattung: Mathias Matthies.
Musik: Michael Jary.
Produktion: Real-Film GmbH.
Länge: 96 Minuten. (f)

Darsteller: Hans Albers (Käpt'n Jonny Jensen), Hansjörg Felmy (Hein Jensen), Jürgen Wilke (Fiete Jensen), Carla Hagen (Tine Jensen), Camilla Spira (Trudchen), Gert Fröbe (Jabowski), Werner Peters (Tanne), Ernst Waldow (Herr Pingel), Elly Burgmer (Frau Pingel), Peer Schmidt (Harry, ihr Sohn), Karin Faber (Helga), Mady Rahl (Mia, Freundin von Jabowski), Hans Richter (Moses, Kellner), Erich Dunskus (Kommissar Krüger), Karin Baal (Janette, eine Tänzerin), Olga Limburg (Mathilde), Ludwig Linkmann (Tatoo-Willi), Gertie Daub (Miss Germany 1957) u. a.

1958   *Das gab's nur einmal*

Regie: Geza v. Bolvary.
Buch: Gustav Kampendonk.
Kamera: Bruno Timm.
Musik: Hans Martin Majewski.
Produktion: Kurt-Ulrich-Film.
Länge: 104 Minuten. (s/w)

Darsteller: Hans Albers (Hans Albers), Helga Martin (Sabine), Stanislav Lendinek (Sabines Vater), Emmy Burg (Sabines Mutter), Karl Hellmer (Inhaber des Friseursalons), Walter Ambrock (Jürgen), Erich Dunskus (LKW-Fahrer), Georg Gütlich (Produktionsleiter) u. a.

1958   *Der Greifer*

Regie: Eugen York.
Buch: Curt J. Braun.
Kamera: Ekkehard Kyrath.
Ausstattung: Gabriel Pellon, Theo Zwierski.
Musik: Hans Martin Majewski.
Produktion: Kurt-Ulrich-Film.
Länge: 96 Minuten. (s/w)

Darsteller: Hans Albers (Otto Friedrich Dennert, Kriminal-Oberkommissar), Hansjörg Felmy (Harry, sein Sohn), Susanne Cramer (Ursula Brandt), Ernst Stankovski (Willi Goede, ihr Verlobter), Werner Peters (Mücke, Gastwirt), Mady Rahl (Toni, seine Frau), Bärbel Wycisk (Evchen, deren Tochter), Horst Frank (Schmitz, Vertreter), Agnes Windeck (Frau Schmitz, seine Mutter), Siegfried Lowitz (Dr. Schreiber), Fritz Wagner (Emil), Reinhard Kolldehoff (Willy), Karl Hellmer (Karl Mertens), Lia Eibenschütz (Frau Mertens), Herbert Hübner (Polizeipräsident) u. a.

1958   *Der Mann im Strom*

Regie: Eugen York.
Buch: Jochen Huth (nach dem gleichnamigen Roman von Siegfried Lenz).
Kamera: Ekkehard Kyrath.
Ausstattung: Herbert Kirchhoff, Albrecht Hennings.
Musik: Hans Martin Majewski.
Produktion: Central Cinema Companie Film.
Länge: 91 Minuten. (s/w)

Darsteller: Hans Albers (Paul Hinrichs), Gina Albert (Lena Hinrichs), Helmut
Schmid (Manfred Thelen), Jochen Brockmann (Kuddel), Hans Nielsen (Iversen),
Roland Kaiser (Timm Hinrichs), Carsta Löck (eine Sekretärin), Josef Dahmen
(Berginspektor Grams), Wolfgang Völz (Mike), Ludwig Linkmann (Herr Buch-
mann), Josef Offenbach (ein Friseur), Joachim Rathmann (Albert) u. a.

1958   *Dreizehn kleine Esel und der Sonnenhof*

Regie: Hans Deppe.
Buch: Janne Furch (nach dem gleichnamigen Roman von Ursula Bruns).
Kamera: Ekkehard Kyrath.
Ausstattung: Mathias Matthies, Ellen Schmidt.
Musik: Martin Böttcher.
Produktion: Real-Film.
Länge: 96 Minuten. (f)

Darsteller: Hans Albers (Josef Krapp), Marianne Hoppe (Martha Krapp), Karin
Dor (Monika), Gunnar Möller (Walter), Günther Lüders (Pastor), Werner Peters
(Oberlehrer Karsten), Josef Offenbach (Stationsvorsteher Bennekamp), Robert
Meyn (Direktor Ess), Hans Fitze (Bürgermeister), Josef Dahmen (Dr. Köster),
Erna Sellmer (Frau Steinberger), Marga Massberg (Frau Jensen) u. a.

1960   *Kein Engel so rein*

Regie: Wolfgang Becker.
Buch: Eckart Hachfeld.
Kamera: Karl Löb.
Ausstattung: Paul Markwitz, Heinrich Weidemann.
Musik: Erwin Halletz.
Produktion: CCC-Film im Ufa-Filmverleih.
Länge: 93 Minuten. (s/w)

Darsteller: Hans Albers (Dr. Zilinsky), Sabine Sinjen (Therese), Peter Kraus
(Konrad Stoloff), Horst Frank (Bubi Lausch), Gustav Knuth (Sepp Ziegler), Ingrid van Bergen (Kitty), Ludwig Linkmann (Diakon Plinius), Fred Kraus (Direktor Stoloff), Franz-Otto Krüger (Inspektor), Walter Giller (Micki Flunder) u. a.

In meinem Herzen, Schatz...

Die Darsteller, Musiker und Zeitzeugen

Es singen und spielen
Ulrich Tukur
Ilse Werner
Bernhard Weber
Anette Kremer
und
Hans Albers

Es erzählen
Wilma Schultz – Freundin der Familie Albers
Geza von Cziffra – Regisseur
Armin Wick – Schauspieler, Regisseur
Heinz Robrahn – Chauffeur
Bernhard Waller – Barkassenführer
Waldemar Nielsen – Filmvorführer
Paul Schraml – Chauffeur
Eggert Woost – Archivar
Oskar Schweser – Chef-Portier
Gabriele Bruck – Pressebetreuerin

Es musizieren
Michael Pawelitz – Geige
Christian von Richthofen – Schlagzeug
Detlef Beier – Bass
Gerd Bellmann – Klavier

Der Soldat in der Theaterszene wird gespielt
von Johannes Silberschneider

Die Grabrede auf Hans Albers spricht
Helmut Käutner

Der Stab

Buch und Regie	Hans-Christoph Blumenberg
Produzent	Ottokar Runze
Bild	Jörg Schmidt-Reitwein
Schnitt	Barbara Büscher-Grimm
Musikalische Leitung	Gerd Bellmann
Original-Ton	Sven Funke
Künstlerische Mitarbeit	Patrick Brandt
Produktionsleitung	Michael Beier
Kamera-Assistenz	Martin Manz
Material-Assistenz	Nicolai Regehr
Zweite Kamera	Robert Berghoff
Kamera-Assistenz, 2. Kamera	Otto Schneider
Licht	Matthias Kasten
Drehbühne	Bernd Spychalski
Ausstattung	Bernhard-A. Homann
Maske	Andrea Reffeld
Zusätzliche Musik	Hans P. Stroer
Schnitt-Assistenz	Florentine Bruck
Mischung	Hans Gralke
Aufnahmeleitung	Helga Waterkotte
Skript	Kathrin Klammroth
Standphotograph	Robert M. Lechtenbrink
Produktionspresse	Nadia Schroer

Eine Co-Produktion der Ottokar Runze Filmproduktion mit dem ZDF. Gefördert vom Hamburger Filmbüro und dem Film Fond Hamburg.

Im Verleih der Senator-Film.

Gewidmet dem Andenken von Helmut Käutner

Biographien
aus der Film- und Theaterwelt

André Bazin
Jean Renoir
Band 3662

Hans-Christoph
Blumenberg
In meinem Herzen,
Schatz ...
Die Lebensreise
des Schauspielers
und Sängers
Hans Albers
Band 10662

Louise Brooks
Lulu in Berlin
und Hollywood
Band 4465

Charles Chaplin
Die Geschichte
meines Lebens
Band 4460

Groucho Marx
Bettgeschichten
Band 4467
Ein ramponierter
Frauenheld
Band 4480
Schule des
Lächelns
Band 3667
Die Groucho-
Letters
Band 3693

Garson Kanin
Spencer Tracy und
Katharine Hepburn
Band 4481

Anthony Summers
Marilyn Monroe
Band 5679

Cornelia Otis
Skinner
Madame Sarah
Das Leben
der Schauspielerin
Sarah Bernhardt
Band 5669

Fischer Taschenbuch Verlag

Fischer Cinema

Eine Auswahl

Fischer Taschenbuch Verlag

Fischer Cinema

Eine Auswahl

Rainer Werner Fassbinder
Die Anarchie der Phantasie
Band 4462

Rudolf Arnheim
Kritiken und Aufsätze zum Film
Band 3653
Film als Kunst
Band 3656

Hans Gerhold
Kino der Blicke
Der französische Kriminalfilm
Band 4484
Woodys Welten
Die Filme von Woody Allen
Band 10271

Jean Luc Godard
Einführung in eine wahre Geschichte des Kinos
Band 3686

Jean Cocteau
Kino und Poesie
Notizen. *Band 4482*

Helmut Korte (Hg.)
Film und Realität in der Weimarer Republik
Band 3661

Helmut Korte / Werner Faulstich (Hg.)
Action und Erzählkunst
Die Filme von Steven Spielberg
Band 4476

Fischer Filmgeschichte
100 Jahre Film
1895 – 1995
Band 2: Der Film als gesellschaftliche Kraft
1925 – 1944
Band 4492
Band 3: Auf der Suche nach Werten
1945 – 1960
Band 4493

Nagisa Oshima
Die Ahnung der Freiheit
Schriften
Band 4483

Dieter Prokop
Soziologie des Films
Band 3682

Michael Schaper
Wir handeln mit Träumen
Von Woody Allen bis Steven Spielberg
Band 4477

Hans Richter
Filmgegener von heute – Filmfreunde von morgen
Band 3670

Jörg-Dieter Kogel (Hg.)
Europäische Filmkunst
18 Regisseure im Porträt
Band 4490

Ellen Oumano
Filmemacher bei der Arbeit
Band 4489

Fischer Taschenbuch Verlag

fi 270 / 14

Regisseure

Bergman über Bergman
Interviews über das
Filmemachen
Von Stig Björkman,
Torsten Manns und
Jonas Sima. *Band 4478*

Peter Buchka
Augen kann man
nicht kaufen
Wim Wenders und
seine Filme
Band 4457

Sergej M. Eisenstein
Yo. Ich selbst
Memoiren
2 Bände: 4474 / 4475

Rainer Werner
Fassbinder
Die Anarchie
der Phantasie
Gespräche und
Interviews
Michael Töteberg (Hg.)
Band 4462

Filme befreien
den Kopf
Arbeitsnotizen
und Essays
Michael Töteberg (Hg.)
Band 3672

Peter Buchka
Augen kann man
nicht kaufen
Wim Wenders
und seine Filme

Jörg-Dieter Kogel
Europäische Filmkunst
Regisseure im Porträt
Band 4490

Helmut Korte /
Werner Faulstich (Hg.)
Action und Erzählkunst
Die Filme von Steven Spielberg
Band 4476

Elisabeth Läufer
Skeptiker des Lichts
Douglas Sirk und seine Filme
Band 4468

Fischer Taschenbuch Verlag

Hilmar Hoffmann

»Und die Fahne führt uns in die Ewigkeit ...«

Propaganda im NS-Film

Der Autor untersucht die verschiedenen Elemente, bildliche
und sprachliche, der zentral
gelenkten Nazi-Propaganda am
Filmschaffen des Dritten Reichs
in seinen vielen Ausprägungsfor-
men, an Wochenschauen, Kultur-
und Dokumentarfilmen und an
Spielfilmen. Den eingehenden
Analysen des Autors zufolge ziehen sich durch das gesamte Filmmaterial des Nazi-Regimes
immer wiederkehrende Bildsym-
bole, vor allem die Fahne, aber
auch bestimmte Aussagegehalte,
mit denen die NS-Ideologie, son-
derlich gegen Ende des Krieges,
in teils verdeckter, teils offener
Form transportiert wurde. In
Hoffmanns Darstellung gewinnt
eine bedrohliche Propaganda-
Maschinerie Gestalt, die sich
zum erstenmal in der menschlichen Geschichte eines geballten
Instrumentariums an psychologi-
schen und suggestiven Einfluß-
faktoren bedient und damit zum
Vorbild für Propagandafeldzüge
totalitärer Regime jeglicher politi-
scher Provenienz wurde. Von
daher gesehen ist das vorliegende

Band 4404

Buch mehr als eine zeit- und kul-
turgeschichtliche Analyse: Es hat
auch viele aktuelle Bezüge, denn
mögen die Inhalte der NS-Propa-
ganda auch der Vergangenheit
angehören, die Methoden liegen
weiterhin griffbereit und werden
auch benutzt, von totalitären
Systemen des Ostens wie des
Westens.

Fischer Taschenbuch Verlag

Fischer Film Almanach
Filme · Festivals · Tendenzen

Der Fischer Film Almanach bietet dem Filminteressierten jährlich eine lückenlose Dokumentation aller innerhalb eines Jahres in der Bundesrepublik erst-bzw. uraufgeführten Filme. Daneben gibt dieses informative Kompendium einen Überblick über die Preisträger der wichtigsten Filmfestivals von Berlin bis Cannes und beschäftigt sich in jedem Band schwerpunktmäßig mit einem filmpolitischen Thema.

Band 3657

Band 3674

Band 3684

Band 4464

Band 4470

Band 4479

Fischer Taschenbuch Verlag

fi 271 / 7

Film noir

*»Der Film noir ist für das Kino das,
was der Blues in der Musik ist –
das einzige, das zählt«*
Wim Wenders

Der Film noir ist eine der kreativsten und geschlossensten Perioden des Hollywood-Kinos. Er umfaßt die düsteren und pessimistischen Kriminaldramen der 40er und frühen 50er Jahre, die Geschichten des Scheiterns und der Verzweiflung, die voll sind von Detektiven und Kriminellen, von gejagten Unschuldigen und scheinbar anständigen Bürgern, von selbstbewußten Schönheiten und skrupellosen Verbrecherinnen.

Im Film noir vereinigt sich die Spannung der »hartgesottenen« Krimischreiber wie Hammett, Chandler und Cain mit dem alptraumhaften Licht- und Schattenstil des deutschen Expressionismus. Die besten Regisseure des Films noir waren nach Hollywood geflüchtete Emigranten wie Fritz Lang, Robert Siodmak und Billy Wilder – neben Amerikanern wie Orson Welles und John Huston und dem berühmtesten Briten in Hollywood: Alfred Hitchcock.

Bd. 4452

Dieses Buch liefert eine ausführliche Geschichte des Film noir, zeigt dessen literarische und filmische Ursprünge auf, schildert die Eigenarten des Stils und beschreibt die »Macher«. Eine mehr als 150 Filme umfassende Filmographie mit Inhaltsangabe und Kommentar erschließt jeden einzelnen Film noir.

Fischer Taschenbuch Verlag

Hilmar Hoffmann
Kultur als Lebensform
Aufsätze zur Kulturpolitik

Band 10161

Der Sammelband zum
65. Geburtstag des früheren
Kulturdezernenten vereinigt
16 Aufsätze und Vorträge,
die in den letzten Jahren aus
unterschiedlichen Anlässen
entstanden sind. Die Texte
gliedern sich in drei Themen-
schwerpunkte: Kultur und
Gesellschaft, Aufgaben und
Aussichten der Kulturpolitik

und Praxis der Kulturpolitik.
Die Palette der einzelnen Themen ist so vielfältig wie die
Interessen des Autors an theo-
retischen und praktischen
Aspekten der Kulturpolitik; sie
reicht von einem historischen
Überblick über das Kultur-
leben in der Bundesrepublik
bis zu Überlegungen zum
Frankfurter Museumsufer. Spe-
zielle Themen wie »Leseförde-
rung« sind ebenso zu finden
wie länderübergreifende Themen, etwa der Aufsatz zur
europäischen Kultur. Stets ist
der gedankliche Ansatz zugleich originell und praxisbe-
zogen. Nie verliert sich Hoffmann in theoretisierende und
abgehoben utopische Betrach-
tungen, sondern skizziert sein
Thema mit kräftigen Strichen,
die seine jahrzehntelange Praxis als Kulturpolitiker spüren
lassen. Dieser Band ist mehr
als eine beliebige Sammlung
von Aufsätzen, er ist gleichsam
die Summe eines Lebens für
die Kulturpolitik.

Fischer Taschenbuch Verlag

fi 1701/1